Genusshelden für Hamburg

Gerd Rindchen

30 Porträts und Rezepte von leidenschaftlichen Menschen,
die Hamburg kulinarisch besser machen

Fotos von Eva Häberle, Nicole Keller und Oliver Schumacher

JUNIUS

GENUSS HELDEN

FÜR HAMBURG

GERD RINDCHEN

30 PORTRÄTS UND REZEPTE VON LEIDENSCHAFTLICHEN MENSCHEN, DIE HAMBURG KULINARISCH BESSER MACHEN

Fotos von Eva Häberle, Nicole Keller und Oliver Schumacher

Inhalt

Vorwort – oder wie Gerd Rindchen zu einem Weingut kam

Gerd Rindchen hätte gute Gründe gehabt, auf mich böse zu sein: Es war ein Abend im sonnenverwöhnten Jahrhundertsommer 2003, als ich beim Autor dieses Buches auf der Terrasse seiner damaligen Wohnung in Lokstedt sitzen durfte. Wir plauderten über Gott, die Welt und gute Weine. Der Sinn des munteren Abends sollte ein paar Tage später in der Sonnabend-Ausgabe der *WELT* erscheinen – ein Porträt über den „Missionar der sinnlichen Weinkunst". Darin enthalten – eine hochprozentige Falschnachricht.

Ich erinnere bis heute genau, dass sich Gerd Rindchen an diesem denkwürdigen Abend irgendwann als St.-Pauli-Fan outete und ein „Retter-T-Shirt" in einer etwas zu schmalen Passform überzog; ich entsinne mich der perfekten Tagliatelle mit Pfifferlingen, die wir verspeisten, auch der Rioja ist mir noch gegenwärtig. Was sich mir bis heute aber nicht erschließt, ist die Sache mit dem Weingut. Irgendwie war da zu fortgeschrittener Stunde ein Weingut in die Mitschrift hineingeflossen – und am Sonnabend stand schwarz auf weiß zum Entsetzen von Gerd Rindchen im Blatt: „In Mittelitalien hat er ein kleines Weingut erstanden, wo er selbst anbaut – ‚nur Spielkram', wie er sagt." Ein Weingut? In Mittelitalien? Das hat nicht nur Freunde verwirrt, Geschäftspartner verwundert und den Kreditberater verstört. Sondern auch den Porträtierten überrascht. Es war einfach falsch. Fake News, würde man heute sagen. Das Weingut war ein Lebenstraum, kein Fakt. Sein Lebensmittelpunkt blieb Hamburg, die Unternehmenszentrale in Bönningstedt statt Dolce Vita in den Marken.

Aber es hätte so wunderbar gepasst. Gerd Rindchen ist Plauderer, Weinliebhaber, Genussmensch. Und Menschenfreund: Über seine Weinkontore sind in den vergangenen Jahren viele Geschäftspartner zu Freunden geworden, in Hamburg ist er in der Gastroszene bekannt wie ein bunter Hund, und in seiner Wohnung bringen seine Frau Christine und er immer wieder Schwestern und Brüder im Geiste zusammen. Bei diesen Genießerabenden treffen wildfremde Menschen in seiner Profiküche aufeinander, lernen sich kennen und oftmals schätzen. Seinen 60. Geburtstag im Frühjahr 2019 verlegte er ins FC St. Pauli-Museum, um für seine 400 Gäste ausreichend Platz zu haben.

Da ist ein Genießergipfel zwischen zwei Buchdeckeln die konsequente Fortsetzung: Für dieses Buch hat Gerd Rindchen dreißig Hamburger Genusshelden getroffen und porträtiert: Die Spitzenköche und Gastgeber Thomas Martin, Dirk Kowalke oder Cornelia Poletto, Fritz-Kola-Gründer Mirco Wiegert oder Kultwirt Bernd Lehmitz, Ökobäcker Thomas Effenberger oder Weinlady Ina Finn gewähren Einblicke in ihr Geschäft, ihre Rezeptbücher und in ihre Töpfe und Pfannen. Und nebenbei wird klar, dass die Hansestadt Hamburg, einstmals eine kühle und nüchterne Stadt, längst zu einer südlicheren Metropole des Genusses geworden ist.

Gerd Rindchen, gebürtiger Pfälzer, aufgewachsen in Bremerhaven und überzeugter Hamburger seit 1978, ist nicht nur ein Mann des Weines, sondern auch der Sprache. Sein erstes Geld verdiente er 1975 als Schnelldichter: Im Alter von 16 Jahren zog er notgedrungen durch die Whiskystraße von Kampen und bastelte aus fünf Stichworten für fünf Mark in fünf Minuten jeweils eine perfekt gereimte Ballade – der junge Badegast hatte sich zuvor sein Geld klauen lassen und stand plötzlich abgebrannt auf der Insel der Reichen und Schönen. Nach viereinhalb Stunden war die Sommerfrische gesichert und er um 110 Mark reicher. Seine Gedichte waren so erfolgreich, dass Rindchen wiederkam und weiterdichtete. Auch seine Lehrstelle fand der junge Lyriker auf der Insel: Ein Fan seiner Reime stellte ihn ein – dummerweise als Versicherungskaufmann.

Doch bald besann sich der selbsternannte Weinbotschafter Gerd Rindchen auf ein anderes Geschäftsmodell – den Weinhandel. Schon als Abiturient hatte er 1977 begonnen, mit einem alten VW Bulli, genannt „Traugott", Wein aus der Pfalz nach Bremerhaven zu bringen. Aus dem Wochenendjob wurde ein Handel, aus dem Handel eine Mission. Der Erfinder des besten „Preis-Genuss-Verhältnisses" schreibt Oden an den Wein und hat einen „Crashkurs Wein" als Buch veröffentlicht. Damit erwarb er sich den Spitznamen „Robert Gernhardt des Weinhandels".

Dutzende von Gastrokritiken sind von ihm in Hamburger Zeitungen und Zeitschriften erschienen – viele unter Pseudonym, alle mit einer Botschaft: „Genuss ist für alle da". Er will Vorbehalte schleifen, Berührungsängste abbauen und Neugier schüren, kurzum, Gerd Rindchen will den Genuss demokratisieren. „Ich verstehe meinen Job als Dienstleister und möchte den Menschen den Wein verkaufen, der ihnen Spaß macht und schmeckt", sagte er einmal. Beruf und Berufung müssen nicht immer weit auseinanderliegen.

Dem von ihm vor mehr als vierzig Jahren aus der Taufe gehobenen Rindchen's Weinkontor dient er nach wie vor als Berater und will in Zukunft noch mehr schreiben. Wer dieses Buch in den Händen hält, ahnt, dass das eine gute Idee ist. Vielleicht klappt es dann ja auch noch mit dem Weingut in Mittelitalien.

Matthias Iken
stellvertretender Chefredakteur
des *Hamburger Abendblatts*

Der Fischfreak

Frank „Fischi" Tamaschke

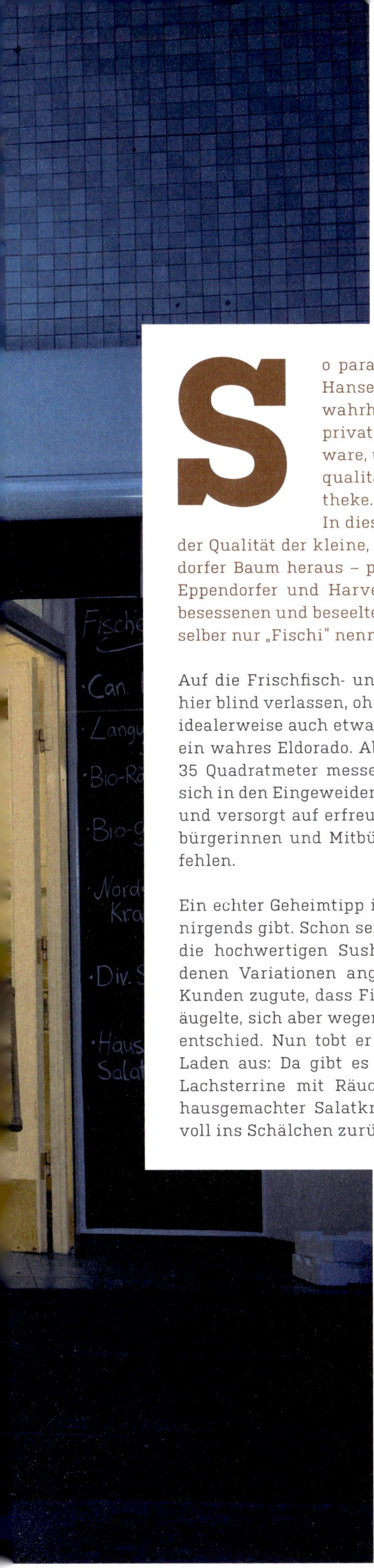

So paradox es klingen mag: Die (wasser-)reiche Hansestadt Hamburg ist ausgesprochen arm an wahrhaft guten Fischhändlern. Das Gros an privat verzehrtem Fisch besteht aus Tiefkühlware, und einige Supermärkte leisten sich eine qualitativ bisweilen recht heterogene Fischtheke. Begeisterung kommt da nur selten auf. In dieser Tristesse ragt als wahrer Leuchtturm der Qualität der kleine, feine Laden „Fische Schmidt" am Eppendorfer Baum heraus – prächtig platziert inmitten der solventen Eppendorfer und Harvestehuder Hautevolee, geführt von dem besessenen und beseelten Fischfreak Frank Tamaschke, der sich selber nur „Fischi" nennt.

Auf die Frischfisch- und Meeresfrüchtequalität kann man sich hier blind verlassen, ohne blind zu werden – dem ambitionierten, idealerweise auch etwas betuchteren Hobbykoch erschließt sich ein wahres Eldorado. Aber das Angebot des nach außen hin nur 35 Quadratmeter messenden Ladens (die wahre Größe verbirgt sich in den Eingeweiden im Souterrain) geht weit darüber hinaus und versorgt auf erfreulichem Niveau auch genussfreudige Mitbürgerinnen und Mitbürger, denen Zeit und Muße zum Kochen fehlen.

Ein echter Geheimtipp ist der Graved Lachs, den es so gut sonst nirgends gibt. Schon seit über zwanzig Jahren ein Hit sind auch die hochwertigen Sushi- und Sashimiboxen, die in verschiedenen Variationen angeboten werden. Außerdem kommt dem Kunden zugute, dass Fischi einst mit einer Koch-Laufbahn liebäugelte, sich aber wegen der ungünstigen Arbeitszeiten dagegen entschied. Nun tobt er seine nimmermüde Kreativität halt im Laden aus: Da gibt es allerlei Pasteten und Terrinen wie die Lachsterrine mit Räucheraalkern oder einen Reigen feinster hausgemachter Salatkreationen, der die Industrieware schamvoll ins Schälchen zurückkriechen lässt.

Der Hammer sind allerdings die Fischfrikadellen. Ob Weißfisch mit Trüffel, Lachs-Mango-Curry oder Garnele mediterran mit Estragon, Tomate und Frühlingslauch: alles geschmacklich total eigenständig und große Klasse. Ungekrönter König und auf Platz 1 im Rindchen-Ranking der weltbesten Fischbuletten: Fischis Garnelenfrikadelle „Thai Art". Das Erfolgsgeheimnis: Fischi schmeckt alle Teige jeden Tag frisch ab und verwendet nur erstklassige frische Ware. Wer also Gäste zum Essen erwartet, noch Überstunden schieben musste und nicht zum Kochen gekommen ist, kann spielend ein mehrgängiges Menü mit den Kreationen des Meisters bestreiten. Das Lob der Geladenen wird dem eiligen Gastgeber gewiss sein.

Der Hammer sind die Fischfrikadellen. Ob Weißfisch mit Trüffel, Lachs-Mango-Curry oder Garnele mediterran mit Estragon, Tomate und Frühlingslauch: alles geschmacklich total eigenständig und große Klasse.

Dahinter steht, wie bei so vielen unserer Genusshelden auf den folgenden Seiten, eine Familiengeschichte: „Geboren bin ich 1965 als echter Hamburger Jung. Mein Vater war ursprünglich Fischgroßhändler in der Großen Elbstraße und dann in den Siebzigern so ziemlich der Erste, der als Subunternehmer Fischtheken in Supermärkten betrieben hat. Hat aber auf Dauer nicht so geklappt. 1972 haben wir dann einen Fischladen im Heußweg in Eimsbüttel eröffnet, aber da keine Schnitte gegen den damaligen Platzhirsch Schlüter gekriegt. 1977 hat mein Vater noch einen Laden im heutigen Real-Markt in Lurup aufgemacht, musste dort aber wegen ungünstiger Verträge 1988 binnen eines Monats raus. Da fingen wir dann an, uns umzusehen, und haben im gleichen Jahr den Laden von Fische Schmidt in Eppendorf entdeckt. Der war bereits 1929 von Rudolf Schmidt gegründet worden, sein Neffe Heiner Schmidt betrieb ihn dann vierzig Jahre lang von 1949 bis 1989. Danach hat meine Mutter übernommen.

Ich selbst habe nach dem Hauptschulabschluss 1980 eine Lehre bei der Nordsee am Spritzenplatz in Ottensen gemacht und in der Zeit viel gelernt. Nach der Abschlussprüfung, übrigens bei Kollege Schlüter in Eimsbüttel, habe ich dann bei meinen Eltern angefangen. Als ich den Fische-Schmidt-Laden gesehen habe, klein, alt, aber in absoluter Toplage, habe ich zu meiner Mutter gesagt: ‚Der ist es!' Bei Muttern war ich dann bis 2008 angestellt, und wir haben wechselvolle Zeiten mitgemacht. Mitte der Neunziger kriselte es ziemlich, und letztlich hat uns das damals von mir neu eingeführte Sushi aus dem Loch geholt.

Im Herbst 2008 habe ich meiner Mutter den Laden dann abgekauft mit der Vision, daraus das attraktivste Fischgeschäft Hamburgs zu machen: Zum Glück kriegte ich eine vernünftige Anschubfinanzierung von der Haspa, die dann auch noch einmal aufgestockt wurde, als sich während der dreiwöchigen Renovierung zeigte, wie marode alles war. Wir haben die ursprüng-

liche hohe Decke wiederhergestellt, modernste Kühltechnik angeschafft, in der man die Ware appetitlich präsentieren kann, und die alten, schönen Gründerzeitfliesen wieder freigelegt. Falls sich jemand wundert, dass da Rebhühner und Fasanen drauf sind: Ursprünglich, Ende des 19. Jahrhunderts, war das mal ein Geflügelladen.

Mit der Entwicklung hier bin ich sehr zufrieden. Als ich den Laden übernommen habe, verkündete ich dem Steuerberater vollmundig, dass ich den Umsatz in den ersten fünf Jahren verdoppeln wolle – er meinte nur ‚Ja, ja Fischi, wovon träumst du nachts?'. Nach vier Jahren hatte ich es geschafft. 2019 haben wir auf den 35 Quadratmetern dann sogar nochmals verdoppelt – darauf bin ich stolz (Anmerkung des Chronisten: ‚Zu Recht!'). Mittlerweile sind wir hier zu elft, und ich will mittelfristig einige der Kollegen mit 49 Prozent am Laden beteiligen. Da ich gutes Essen, guten Wein und gute Gesellschaft mag, bin ich froh, dass meine Frau mich administrativ entlastet und ich jetzt manchmal sogar mit einer 60- bis 65-Stundenwoche hinkomme – im Gegensatz zu früher. Für den Laden entwickele ich ständig neue Ideen. So habe ich in Kooperation mit Schlachter Harms aus dem Lehmweg schon mal was im Beachclub veranstaltet, wir machen hochwertige Caterings, und mein neuestes Steckenpferd ist eine reine Meeresfrüchte-Paella auf Basis von unserem hausgemachten Fischfond. Wer die einmal probiert hat, will keine andere Paella mehr!"

Loup de mer Filet auf getrüffeltem Kartoffelstampf mit Balsamicolinsen

Zutaten für 6 Personen

Balsamicolinsen

240 g rote Linsen
40 g Butter
2 Schalotten
6 getrocknete Feigen
1 Lorbeerblatt
1 El Tomatenmark
gemahlener Koriander
Salz, weißer Pfeffer
60 ml Portwein
250 ml heller Kalbsfond
5 El Balsamico-Creme
60 ml Noilly Prat
1 Tl frische Minze

Fein gehackte Schalotten, fein gehackte Feigen und abgetropfte Linsen in Butter anschwitzen. Tomatenmark, Balsamico-Creme und Lorbeerblatt hinzufügen. Mit Noilly Prat und Portwein ablöschen und reduzieren lassen. Dann etwas Korianderpulver dazugeben. Mit dem Kalbsfond auffüllen und langsam bei wenig Hitze köcheln lassen. Es darf nur noch wenig Sud im Topf sein. Zum Schluss mit Pfeffer und Salz abschmecken und fein gehackte Minze darübergeben.

getrüffelter Kartoffelstampf

8 große Kartoffeln
100 g fertige Trüffelbutter (von Fische Schmidt)
Salz
60 ml Vollmilch

Kartoffeln schälen, weich kochen und abgießen. Milch und Trüffelbutter dazugeben. Zusammen mit den heißen Kartoffeln zerstampfen. Mit Salz abschmecken.

Loup de mer Filet

6 Filets
Butter, Salz, Tasmanischer Pfeffer

Die Filets mit Tasmanischem Pfeffer und Salz würzen. In der Butter von beiden Seiten kurz anbraten. Anschließend im vorgeheizten Backofen bei 170 Grad (ohne Umluft) nachziehen lassen.

Thomas Effenberger

Der Bio-Bäcker mit dem großen Herzen

Mein erstes Gespräch mit Thomas Effenberger führte ich für die längst verblichene Stadtzeitung *Tango* im Jahr 1987. Im Frühjahr 2019, kaum 32 Jahre später, sitzen wir wieder im schlichten Aufenthaltsraum über der Backstube an der Rutschbahn im Hamburger Univiertel. Rein äußerlich hat sich seitdem wenig verändert – aber in der Zwischenzeit ist „Effenberger" zum Synonym für leckere, ernährungsphysiologisch hochwertige Bio-Vollkornbrote in Hamburg und Umgebung geworden. Fünf eigene Verkaufsstellen sowie zwei Marktwagen werden mittlerweile aus den mehrfach erweiterten Backstuben und Produktionsräumen beschickt, dazu kommen zahlreiche Kunden in Gastronomie und Handel und die Gläserne Backstube im Dammtorbahnhof.

Thomas Effenberger, gleichermaßen klug kalkulierender Kaufmann wie Idealist durch und durch, hat sich für seinen Betrieb höchste ethische und ökologische Standards auf die Fahnen geschrieben. Die Getreide kommen von festen Vertragsbauern, die großenteils schon seit 1972 mit im Boot sind. Gemahlen wird grundsätzlich selber vor Ort an der Rutschbahn. Effenbergers Betriebe benötigen nur ein Drittel der Energie, die herkömmliche Bäckereien bei gleicher Produktionsmenge verschlingen würden. Die Auslieferung erfolgt, bis auf die Marktwagen, umweltfreundlich mit Elektrofahrzeugen oder Lastenrädern. Die Brote werden dank der guten Haltbarkeit zwei Tage lang verkauft, Ausschuss und Verderb fallen somit nicht an. Neben zehn weiteren Ehrenämtern, die er ausfüllt, hat Thomas Effenberger eine Stiftung gegründet, die sich mit Umweltschutz, Nachhaltigkeit und Jugendförderung befasst. Von 23 Mitarbeitern des Unternehmens hat mehr als die Hälfte einen Migrationshintergrund, zum großen Teil handelt es sich um Geflüchtete, die hier eine Lebensperspektive gefunden haben.

Besonderen Wert legt Effenberger auch auf die nachhaltige Bekömmlichkeit seiner Produkte: So gibt es obligatorisch für alle Brote eine Drei-Stufen-Sauerteigführung mit Vorteig, bei welcher der Teig über mehrere Tage klassisch angesetzt wird. Dadurch wird die schädliche Phytinsäure abgebaut, welche verhindert, dass die positiven Nähr- und Mineralstoffe vom Körper aufgenommen werden können. Klassisch lang vergorene Brote verhindern

überdies die Bildung von Reizdarm und können häufig auch von Menschen, die kein schnell und industriell produziertes Brot vertragen, problemlos verzehrt werden. Wer sich für derlei Details interessiert: Ein guter Deal sind die Backstubenführungen im Betrieb an der Rutschbahn. Für zehn Euro erhalten die Gäste nicht nur erschöpfend Auskunft über Brot, Backkunst und gesundes Genießen, sie bekommen auch als klassische „Anfixe" für rund 15 Euro hochwertige ökologische Spezereien mit nach Hause (Anmeldung über Telefon: 040-45 54 45).

Thomas Effenberger wohnt mit seiner Patchworkfamilie (fünf eigene Kinder, drei von seiner Frau) in der Nähe von Reinbek und betreibt noch eine eigene Land- und Forstwirtschaft mit ökologischem Landbau, 300 Hektar Wald und eigener Jagd.

Der rastlose Entrepreneur berichtet: „Geboren wurde ich 1956 in Bremen, wo ich nach dem Hauptschulabschluss 1971 eine Bäckerlehre im Betrieb meines Vaters absolvierte. Nachdem mein Vater, dessen betrieblicher Schwerpunkt eine Konditorei mit Marzipanbrennerei war, 1971 schwer erkrankte, bat er mich, für ihn ein besser verträgliches Bio-Vollkornbrot zu entwickeln. Da sich das nur für den Eigenverbrauch nicht lohnte, begann ich, die Vollkornprodukte auch im Laden mit anzubieten. Das wurde dann so ein Erfolg, dass wir bis 1973 die Umstellung zur Vollkornbäckerei vollzogen.

Mit 16 war ich dann Deutschlands jüngster Bäckergeselle. Parallel habe ich auf dem zweiten Bildungsweg erst die mittlere Reife, dann das Abitur nachgeholt, mit 23 die Meisterprüfung gemacht und in Witzenhausen Öko-Landbau studiert. Nachdem ich erst – vergeblich – eine Landwirtschaft und dann eine Öko-Bäckerei in Kassel übernehmen wollte, stieß ich Ende 1984 auf eine völlig runtergerockte, marode Backstube mit Verkaufsraum an der Hamburger Rutschbahn.

Mit einer Anschubfinanzierung über ein von der Handwerkskammer befürwortetes EAP-Darlehen in Höhe von 180.000 Mark renovierte und entkernte ich den Betrieb und richtete die erste Produktionsstätte her. In der Aufbauzeit habe ich hier bis zu 140 Stunden pro Woche gearbeitet und war Tag und Nacht im Einsatz, um den Laden ins Laufen zu bringen. Von Anfang an war meine Devise „Nur ökologisch, nur Vollkorn". Bis heute lege ich Wert auf die Rückverfolgbarkeit und regionale Nähe möglichst aller verwendeten Zutaten, die, bis auf den Sesam, auch sämtlich aus Europa stammen.

Die Getreide kommen von festen Vertragsbauern, die großenteils schon seit 1972 mit im Boot sind. Gemahlen wird grundsätzlich selber vor Ort an der Rutschbahn.

Nachdem sich der Laden von Beginn an überaus erfreulich entwickelte und rasch weitere Standorte hinzukamen, habe ich an der Akademie des Handwerks Betriebswirtschaft studiert und im Alter von 42 Jahren noch ein Psychologiestudium angehängt, was mir bei der Mitarbeiterführung sehr zugutekommt. Mit 57 habe ich noch eine Zimmererlehre abgeschlossen, um das Holz aus meinem Wald besser zu verstehen. Möglich wurde das durch die engagierte Mitarbeit meiner Frau, die mit mir zusammen das Unternehmen führt. Langweilig wird uns jedenfalls nicht."

Grundrezept Familienpizza

Zutaten für den Teig

400 g Dinkelvollkornmehl

300 ml Wasser

2 g Hefe

8 g Salz

10 ml Olivenöl

10 g Honig

Das Dinkelmehl, das Wasser und die anderen Zutaten in einer Schüssel gut miteinander vermengen und eine Stunde bei Zimmertemperatur (20–24 Grad) stehen lassen. Dann die abgedeckte Schüssel für ein bis fünf Tage in den Kühlschrank stellen. Ideal ist eine Ruhezeit von mindestens zwei Tagen.

Anschließend den Teig auf einem Backblech auf bemehltem Backpapier ausrollen. Für den Grundbelag 100 g Tomatenmark je nach Geschmack mehr oder weniger intensiv mit fein gehacktem Ingwer, fein gehacktem Knoblauch, Kräutern der Provence, Salz, Pfeffer und Paprikapulver abschmecken und auf dem ausgerollten Teig verstreichen. Dünn geschnittenen Mozzarella und andere Pizzazutaten wie z. B. leicht geölte Paprikastreifen, Pilze oder Zwiebeln, Schinken, Salami oder Thunfisch nach Belieben auf der Pizza verteilen.

Die Pizza nun so heiß wie möglich, aber bei mindestens 250 Grad im vorgeheizten Ofen bei Ober- und Unterhitze 10 bis 15 Minuten backen. Man erkennt an der Farbe, wann sie so weit ist. Ob man sie lieber eher hell und weich oder dunkel und knusprig möchte, hängt vom eigenen Geschmack ab.

Beseelter Tüftler und Perfektionist

Thomas Martin

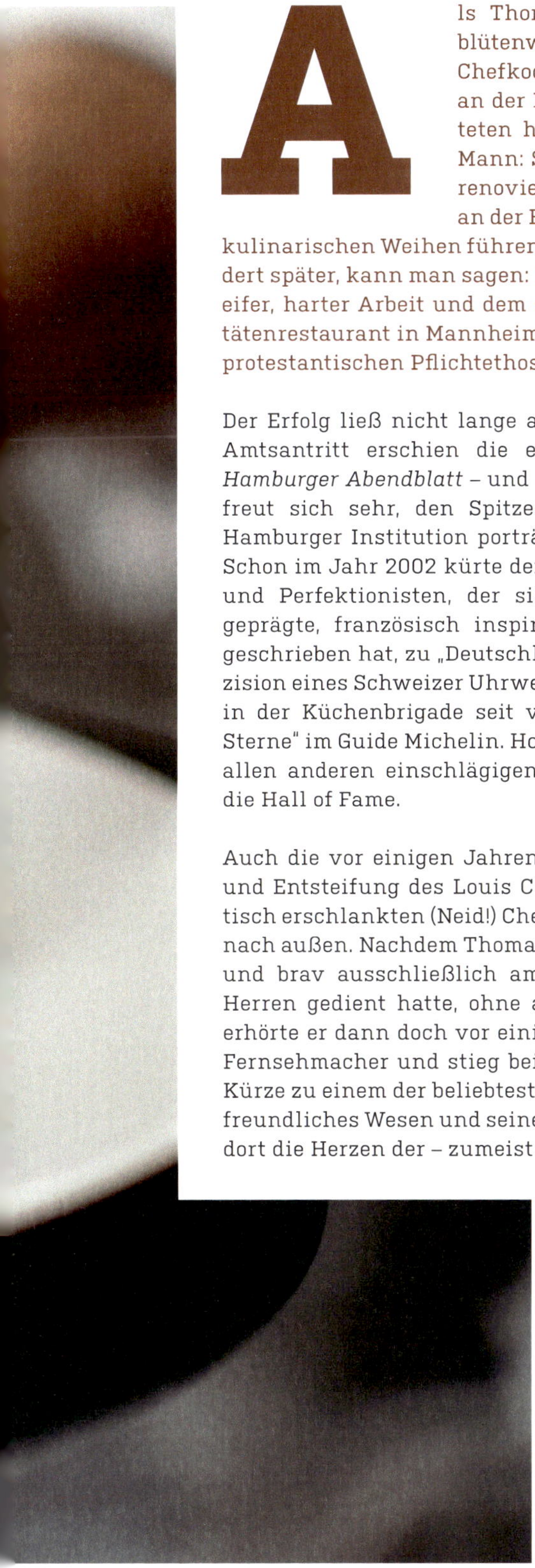

Als Thomas Martin in seiner schmucken blütenweißen Kochjacke 1997 als neuer Chefkoch des noblen Hotels Louis C. Jacob an der Elbchaussee vorgestellt wurde, lasteten hohe Erwartungen auf dem jungen Mann: Sollte er doch die gerade aufwendig renovierte und sanierte Traditionsadresse an der Elbchaussee zu hohen und höchsten kulinarischen Weihen führen. Jetzt, ein knappes Vierteljahrhundert später, kann man sagen: Mission vollauf geglückt! Mit Feuereifer, harter Arbeit und dem schon im elterlichen Fischspezialitätenrestaurant in Mannheim mit der Muttermilch eingesogenen protestantischen Pflichtethos machte Martin sich ans Werk.

Der Erfolg ließ nicht lange auf sich warten. Kurz nach seinem Amtsantritt erschien die erste, rundum positive Kritik im *Hamburger Abendblatt* – und der Autor jener belobigenden Zeilen freut sich sehr, den Spitzenkönner in diesem Buch als die Hamburger Institution porträtieren zu dürfen, die er längst ist. Schon im Jahr 2002 kürte der Gault-Millau den beseelten Tüftler und Perfektionisten, der sich die produktbasierte, klassisch geprägte, französisch inspirierte Hochküche auf die Fahnen geschrieben hat, zu „Deutschlands Koch des Jahres". Mit der Präzision eines Schweizer Uhrwerks halten er und seine 25 Kollegen in der Küchenbrigade seit vielen Jahren die begehrten „Zwei Sterne" im Guide Michelin. Hohe und höchste Auszeichnungen in allen anderen einschlägigen Gastroführern schmücken zudem die Hall of Fame.

Auch die vor einigen Jahren in die Wege geleitete Verjüngung und Entsteifung des Louis C. Jacob findet im neuerdings athletisch erschlankten (Neid!) Chef de Cuisine ein attraktives Gesicht nach außen. Nachdem Thomas Martin über viele Jahrzehnte treu und brav ausschließlich am Herd des Hauses verschiedenen Herren gedient hatte, ohne an persönlichen Ruhm zu denken, erhörte er dann doch vor einigen Jahren den Sirenengesang der Fernsehmacher und stieg bei der „ZDF Küchenschlacht" binnen Kürze zu einem der beliebtesten Juroren auf. Sein ausgesprochen freundliches Wesen und seine ruhige, humorvolle Art lassen ihm dort die Herzen der – zumeist weiblichen – Zuschauer zufliegen.

Schon im Jahr 2002 kürte der Gault-Millau den beseelten Tüftler und Perfektionisten, der sich die produktbasierte, klassisch geprägte, französisch inspirierte Hochküche auf die Fahnen geschrieben hat, zu „Deutschlands Koch des Jahres".

LOUIS C. JACOB

Zu seinen größten Fans zählt übrigens meine Tante Gisela aus Hengsberg, die jede seiner Sendungen aufzeichnet. Als ich dem Küchenchef das erzähle, fragt er mich erst mal nach dem Alter der Tante. Die Antwort, Jahrgang 1942, kommentiert er schmunzelnd mit den Worten „Dacht' ich mir's doch – exakt meine Kernzielgruppe!" Bei aller Souveränität und Abgeklärtheit, die Thomas Martin heute ausstrahlt, sollte man nicht vergessen: Zweisternekoch ist ein Eliteberuf und ein nimmer endender Hochleistungssport, neben Können bedarf es eines immensen Ehrgeizes und einer unbeirrbaren Zielstrebigkeit, um dorthin zu gelangen.

So auch bei Thomas Martin – der Maestro erzählt von seinem Werdegang: „Geboren wurde ich 1966 in Mannheim, wo ich mehr oder weniger im damals sehr renommierten Fischspezialitätenrestaurant meiner Eltern aufgewachsen bin. Ich wusste früh, dass ich Koch werden wollte, und bin dann nach der mittleren Reife im zarten Alter von 16 Jahren zum ersten Mal nach Hamburg gekommen. Meine Lehre absolvierte ich im Anglo-German Club der Familie Pütter an der Außenalster, wo ich schon in den ersten Wochen Ausbildungszeit den Postenkoch zum Gemüsetournierer degradierte, selbständig kochte und die Speisen anrichtete. Bei vielen Außer-Haus-Terminen lernte ich so auch schon früh die Villen der Hamburger Reeder und Verleger kennen.

Danach ging's in ein Ausflugslokal in Heidelberg und anschließend zum Bund. Als Nächstes verdingte ich mich bei einem Wegbegleiter, der mich sehr geprägt hat: Peter Wehlauer im Restaurant Burg Windeck in Bühl, damals einer der zehn höchstdekorierten deutschen Köche mit Zwei Sternen im Guide Michelin.

Wahnsinnig beeindruckt hat mich dann meine nächste Station: Lothar Eiermann im Wald- und Schlosshotel Friedrichsruhe, ebenfalls mit Zwei Sternen ausgezeichnet. Während Peter Wehlauer schon etwas leicht Nouvelliges hatte, ging es bei Eiermann ultraklassisch zur Sache: Fasan im Federkleid, Hummer zwei Mal serviert, ganzes Reh, Kalbsbries im Ganzen, Schnepfen, die es ja heute kaum noch gibt [Anmerkung des Chronisten: Vielleicht nicht auf dem Teller ...]. Bei der klassischen Kalbsniere im Fettmantel habe ich mir solche Spritzwunden geholt, dass die Verbrennungen am Oberarm noch jahrelang sichtbar waren – da, wo die jungen Köche heute ihre Tattoos haben. Hier habe ich den Umgang mit ganzen Edelfischen, mit bestem Fleisch und das Produzieren aufwendigster, auf höchstem Niveau gekochter Saucen gelernt – die Basis, die man in solch intensiven frühen Jahren erwirbt, vergisst man nie. Nebenher bildete ich mich weiter fort und wurde mit 24 Jahren einer der jüngsten Küchenmeister.

Mein nächster Mentor war dann Eckart Witzigmann in der Aubergine. Der hat alles noch mal neu aufgerollt und mir gezeigt, was Frische und Kochen à la minute bedeuten. Da hing das Kalb im Fell im Kühlhaus, und der Hummer wurde erst nach der Bestellung aus dem Becken geholt. Witzigmann war für mich der Beste von allen, weil er so extrem selbstkritisch und perfektionistisch ist – übrigens bis heute. Nach einem dreimonatigen Intermezzo bei meinen Eltern stand für mich fest, dass ich das gutbürgerliche Lokal in Mannheim nicht übernehmen wollte – dafür war ich zu ehrgeizig. So ging ich dann zu Dieter Kaufmann nach Grevenbroich, für mich der ‚Saucengott', bei dem ich auch zum Souschef avancierte.

Die vor einigen Jahren in die Wege geleitete Verjüngung und Entsteifung des Louis C. Jacob findet im neuerdings athletisch erschlankten Chef de Cuisine ein attraktives Gesicht nach außen.

1997 kam ich als Küchenchef ins Louis C. Jacob und konnte über die Jahre meine klare, puristische, auf regionalen Produkten basierende frankophile Küche weiterentwickeln. Von Anfang an war ich ins Jacob mit seiner tollen Historie verliebt – hier habe ich meine Erfüllung gefunden."

Zutaten für 4 Personen

Artischocken

8 Poweraden
(italienische Artischocken)

4 Schalotten, geschält und
längs in Streifen geschnitten

50 g Staudensellerie,
in Würfel geschnitten

50 g Weißes vom Lauch
in feinen Röllchen

2 Knoblauchzehen, geschält und
der Länge nach halbiert

50 g Champignons in Scheiben

20 ml Zitronensaft

100 ml Weißwein

2 El weißer Balsamico

2 Tomaten, abgezogen, geviertelt,
entkernt und in Würfel geschnitten

2 frische Lorbeerblätter

1 Thymianzweig

1 El geschnittene Blattpetersilie

0,25 l Gemüsefond

Salz und Pfeffer aus der Mühle

Olivenöl

Von den Poweraden das obere Drittel abschneiden (so dass die Härchen sichtbar werden). Mit einem kleinen Teelöffel oder Kugelausstecher die Haare beseitigen. Die erste Lage der äußeren Artischockenblätter entfernen. Die Stiele sauber putzen.

Schalotten und Knoblauch in etwas Olivenöl glasig dünsten, mit Weißwein ablöschen und zur Hälfte einkochen. Mit Gemüsebrühe auffüllen. Artischocken, Lorbeer, Balsamico und Thymian zugeben. Einmal aufkochen und eine Stunde ziehen lassen.

Nun Staudensellerie, Lauch und die Champignons zugeben und nochmals eine halbe Stunde simmern lassen.

Abschmecken mit Salz, Pfeffer aus der Mühle und Zitronensaft. Kurz vor dem Servieren mit Tomatenwürfeln, Blattpetersilie und reichlich Olivenöl vollenden.

Beurre blanc

- 1 El feine Schalottenwürfel
- 200 ml Weißwein
- 250 g kalte Butter in Würfeln
- zum Abschmecken Salz und weißer Balsamico

Die Schalotten mit dem Weißwein aufsetzen und einkochen, bis der Wein fast verkocht ist. Mit einem Schneebesen langsam die kalten Butterwürfel einrühren. Mit Salz und weißem Balsamico abschmecken und passieren.

Steinbutt

- 500 g Steinbuttfilet ohne Haut
- Olivenöl
- 1 El Butter
- 1 Zweig Thymian
- Salz

Steinbutt in vier Portionen schneiden und in einer heißen Pfanne mit Olivenöl kurz von beiden Seiten anbraten. Butter zugeben und den Fisch mit schäumender Butter übergießen. Thymian zugeben und leicht salzen. Aus der Pfanne nehmen und sofort servieren. Der Fisch soll noch glasig sein.

Bretonischer Steinbutt mit Beurre blanc und Artischocken

Mirco Wiegert

Ohne Kohle zum Kola-Imperium

Als Mirco im Sommer 1975 im beschaulichen Hamburg-Wandsbek geboren wurde, war dem kleinen Wiegert nicht in die Wiege gelegt, dass er für eine der spannendsten und erfolgreichsten Hamburger Firmengeschichten des anbrechenden 21. Jahrhunderts verantwortlich zeichnen würde. Just so aber geschah es: Das aus kleinsten Anfängen gestartete Unternehmen fritz-kulturgüter gmbh, Produzent der mittlerweile auch überregional bekannten fritz-kola, lehrt die etablierten Branchengrößen das Fürchten und strebt für das Jahr 2019 erstmals über 100 Millionen Flaschenfüllungen an.

Dabei hält fritz einige recht erfreuliche ethische und umweltpolitische Standards ein: Dosen und Plastikflaschen sind verpönt, die Kolas, Limonaden, Mischgetränke und Biosaftschorlen werden ohne künstliche Aromen und Farbstoffe zum Großteil in Pfand-Mehrwegflaschen vermarktet. Angetreten mit dem Ziel, eine ‚bessere Kola' zu entwickeln, wird heute auch bei den Limonaden und Saftschorlen gern der eine oder andere Cent mehr in die Hand genommen, um in den Wohlgeschmack der Produkte zu investieren. Aber wie kam es nun über die Jahre zu diesem überraschenden Erfolg?

Der Gründer erzählt: Begonnen hat alles im Jahr 2002. Zu der Zeit hatte ich eine Ausbildung als Speditionskaufmann und ein Studium der Außenwirtschaft absolviert. Meinem Mitgründer Lorenz Hampl, den ich von den Pfadfindern kannte, und mir schwante schon, dass nun das Erwerbsleben auf uns zukäme. Da wir uns lieber selbst ausbeuten wollten, als anderen zu dienen, zogen wir verschiedene Unternehmensideen wie Bocadillo-Bar, Hostel oder Hausmeisterdienst in Erwägung. Das scheiterte aber alles am mangelnden Kapital, denn bis auf 7000 Euro aus einem aufgelösten Bausparvertrag hatten wir keine Kohle. Zu jener Zeit war es in Hamburg völlig unmöglich, in irgendwelchen Bars alkoholfreie Getränke zu konsumieren und dabei vor anwesenden Mädels eine gute Figur abzugeben (was uns damals absolut wichtig war): Ausgeschenkt wurde vorwiegend abgestandene Cola oder Fanta aus PET-Mehrwegflaschen, O-Saft oder der berüchtigte KiBa (Kirsch-Bananensaft) im Glas – das war's. Ganz anders dagegen die Biertrinker! Die leerten die schicken Longneckflaschen angesagter Marken und wirkten wahrhaft weltläufig. So entstand sozusagen als Fingerübung für etwaige spätere wirtschaftliche Weihen die Idee, eine ‚bessere Kola' zu entwickeln: Sie sollte in kleinen Mehrwegflaschen angeboten werden, möglichst schick aussehen und richtig wirkungsvoll sein, also: möglichst viel Koffein enthalten. Nachdem wir im damals noch rudimentären Internet keine vernünftigen Rezepturen fanden, telefonierten wir vergebens in ganz Deutschland mit allen möglichen Abfüllern

herum, bis sich schließlich als einzige eine kleine Brauerei im Westfälischen der beiden naiven Studenten erbarmte und sich bereit erklärte, für den schmalen Etat eine erste Testfüllung vorzunehmen. So wurden die ersten 170 Kisten in braunen Bierflaschen und den beiden von den Brauern zusammengebrauten Geschmacksvarianten ‚Weißer Deckel' und ‚Grüner Deckel' abgefüllt. Die karrten wir dann mit meinem VW Bulli, einem in Würde gereiften Uralt-T3, in unser Studentenwohnheim in Othmarschen, kauften bei Penny ein größeres Deputat preiswerter Rums und Whiskys und schenkten eines Nachts in der Wohnheimbar an unsere Mitstudent*innen gegen ein geringes Entgelt größere Mengen Kola Rum und Kola Whisky aus. Die Kommilitonen wunderten sich zwar, dass sie am nächsten Morgen um 10 noch fit wie die Turnschuhe waren (vielviel Koffein!), kürten aber einhellig die Version ‚Weißer Deckel' zum Favoriten. Die Rezeptur stand also. Fehlten noch Name, Logo und Design. Um herauszufinden, wie eine norddeutsche Kola denn heißen könne, stellten wir uns vor das Einkaufszentrum Hamburger Straße und befragten harmlose Passanten nach ihren Namensfavoriten. Zum Glück hatten wir in der irrigen Annahme, Fritz sei ein norddeutscher Name, den Vorschlag ‚fritz-kola' mit im Gepäck – und zum Glück zogen die Passanten diesen Namen ausgesprochen dämlichen Ideen wie ‚Alster Kola' oder ‚Elbcola' vor. Dann machten wir eine Fotografie von Lorenz und mir im Partykeller, brachten den Film zu Budni und verfremdeten das Bild. Mit einem der ersten einfachen Grafikprogramme, Windows Bitmap, längte ich eine der verfügbaren Schriften, und beim letzten Schliff half eine Kommilitonin aus dem Nachbarzimmer. Die Etiketten waren aus Kostengründen schwarz-weiß und kamen aus dem Copyshop. Nun begann die Vermarktung an die Szenegastronomie in der Schanze.

fritz-kola hält einige recht erfreuliche ethische und umweltpolitische Standards ein. Dosen und Plastikflaschen sind verpönt, die Kolas, Limonaden, Mischgetränke werden ohne künstliche Aromen und Farbstoffe zum Großteil in Pfand-Mehrwegflaschen vermarktet.

Die ersten Wirte nahmen uns die Kisten hauptsächlich aus Mitleid ab – und wegen unserer Garantie, bei Misserfolg jede einzelne Flasche zurückzukaufen. Aber es lief von Anfang an deutlich besser als gedacht, und so kamen bald weitere fritz-Produkte hinzu. 2017 konnte ich von meinem Mitgründer, der gern aussteigen wollte, seine Anteile übernehmen und einen Teil davon an zwei neue Gesellschafter weiterveräußern. Seitdem halte ich die Mehrheit. Die Produktion ist, um die Transportwege kurz zu halten, an aktuell fünf externe Füllbetriebe in ganz Deutschland ausgelagert. Heute sind wir mit über 200 Kolleginnen und Kollegen, die ausschließlich in Marketing, Vertrieb und Administration tätig sind, dabei, die Marke fritz-kola in Deutschland, Österreich, Polen, Holland und Belgien voranzutreiben. Mal sehen, wohin uns die Reise noch führt.

Dekonstruiertes Labskaus à la Mirco

Zutaten für 4 Personen

1 kg Kartoffeln

125 g Butter

4–8 Eier

Salz

Muskatnuss

Pfeffer aus der Mühle

600 g Rinderbrust in Scheiben

eingelegte Rote Bete

Gewürzgurken

Ein Kilo Kartoffeln schälen, würfeln und die Würfel weich kochen.

Die Butter in einem Topf langsam schmelzen lassen, reichlich Salz, Pfeffer aus der Mühle und frisch geriebene Muskatnuss dazugeben. Jetzt die Kartoffelwürfel hinzufügen, mit einem Stampfer so lange stampfen, bis ein Püree entstanden ist, und dieses nach Bedarf mit Pfeffer, Salz und Muskatnuss abschmecken.

Pro Person etwa 150 g dünn geschnittene Scheiben Rinderbrust mit etwas Salz und Pfeffer aus der Mühle kurz anbraten (statt Matjes und/oder Cornedbeef wie beim Original).

Beim Original wird nun alles mit roter Bete verrührt und als rosa Matschberg in Portionen serviert. Bei dieser Variante kommt das Kartoffelpüree mit dem Fleisch, der eingelegten Roten Bete und den sauren Gurken als Beilage auf den Teller. Zum Schluss werden ein, zwei Spiegeleier pro Person obendrauf gelegt.

Bernd Lehmitz

Der älteste Hipster der Stadt

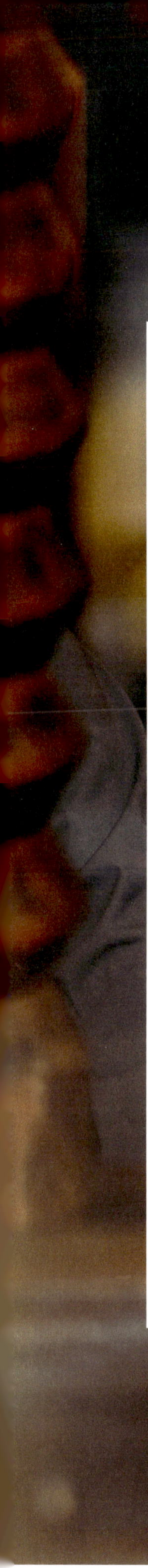

Zu den Hamburger Institutionen, die in den letzten Jahren den nachhaltigsten Publikumswandel erlebt haben, zählen die altehrwürdigen Lehmitz Weinstuben in der Eimsbütteler Faberstraße. Innen wie außen hat sich scheinbar nichts verändert: In altdeutschen Lettern prangt das Firmenschild auf schmiedeeisernem Grunde, von Reben umkränzt. Innen: eine unmissverständliche Huldigung der Eiche. Gestühl und Tische sind massivste Bad Wörishofener Wertarbeit aus den 1950er Jahren. Kurzum: Die Weinstuben wirken noch immer wie der Treff für die reifere Jugend aus der Nachbarschaft, der sie lange waren.

Aber nun hat die fortschreitende Gentrifizierung Eimsbüttels das Lokal mit Macht erfasst: Trendige junge Bartträger treffen sich hier mit schönen Frauen, und Patron Bernd Lehmitz, den ich vor rund 35 Jahren bei Weinproben als smarten Jüngling mit rosa Seidenkrawatte und modischen Sakkos kennengelernt habe, darf sich mit seinen nun auch schon bald sechzig Lenzen, leger gewandet und von der Jugend umschwärmt, als ältester Hipster der Stadt fühlen. Vor allem aber: als Bereiter großartigster Steaks. Lehmitz ist bei der Auswahl all seiner Zutaten absoluter Qualitätsfanatiker. Seine US-Prime-Choice-Dry-Aged-Rumpsteaks kommen aus Iowa von freilaufenden Graswiesenrindern und sind in Würze, Zartheit und Marmorierung ziemlich unvergleichlich. Zudem bereitet er dieses Fleisch in einem 800-Grad-Grill zu, so dass es nahezu karamellisiert ist und mit unvergleichlichem Aroma punktet.

Eine traditionelle Spezialität des Hauses ist das Neuenburger Käsefondue: Ausschließlich besten Schweizer Rohmilch-Sbrinz verwendet der Hausherr hier und hat das Rezept über die Jahrzehnte perfektioniert. Wie es sich für eine traditionelle Weinstube gehört, ist die Auswahl guter Gewächse ausgesprochen umfangreich – die rund siebzig Jahre gelebte Weinhandelstradition in der Familie hinterlässt ihre Spuren. Und so ist der Hausherr vom pädagogischen Eifer beseelt, die Menschen zum gepflegten Verzehr ganzer Bouteillen zu motivieren, will heißen: Schoppenweine sind relativ teuer, die gute Flaschenware recht preiswert. Außerdem kann der produktversessene Küchenchef mit einer ausgesprochen bunten Familien- und Firmengeschichte punkten.

Aber lassen wir ihn selbst zu Wort kommen: „Die Wurzeln unseres Geschäfts liegen in Eimsbüttel. Im 19. Jahrhundert betrieben meine Großeltern in der Lutterothstraße einen sogenannten ‚Fettwarenhandel' mit Eiern, Speck, Butter, Milch und Käse. Aus der Ehe gingen vier Söhne hervor, unter anderem mein Vater Ernst, geboren 1903. 1927 machte mein Vater seinen ersten eigenen Fettwarenladen in der Wandsbeker Chaussee auf – möglichst weit weg vom Eimsbütteler Laden der Eltern, um sich nicht Konkurrenz in der eigenen Familie zu machen. Das war damals Ehrensache. Aus seiner ersten Ehe hatte mein Vater fünf Kinder, die großenteils auch im Weinhandel gelandet sind. So entstand nach dem Krieg eine regelrechte Lehmitz-Weinhändlerdynastie, die in Teilen bis heute Bestand hat. So führt zum Beispiel mein Neffe Dirk, der rund zehn Jahre älter ist als ich, zusammen mit seinem Sohn Marco das Weinhaus am Stadtrand in Langenhorn.

1937 konnte mein Vater zurück nach Eimsbüttel in die Faberstraße, weil seine Eltern ihren Laden aufgegeben hatten. Seine Liebe zum Wein entdeckte er im Krieg, weil er als Soldat ins Offizierskasino abkommandiert war und für die Offiziere Wein besorgen musste. Zur Recherche setzte er sich in einen Zug nach Bad Kreuznach, wo er dann Einheimische im Bus nach den Winzern der Umgebung befragte. So gelangte er nach Wallhausen zum Weingut Weis, mit dem ich bis heute zusammenarbeite. Nach dem Krieg waren Pferde in der französischen Besatzungszone Mangelware, weil die Franzosen alle Pferde der Winzer und Landwirte beschlagnahmt hatten. Anders hingegen im britisch besetzten Norddeutschland: Hier gab es genug Pferde, die mein Vater und sein Bruder erwarben, in die Pfalz und an die Nahe karrten und dort gegen Wein tauschten. Die Franzosen fanden das gar nicht lustig, und so landete mein Vater kurz hinter schwedischen Gardinen. Aber mit dem raren Wein war er im Nachkriegshamburg natürlich König!

Auf einem Trümmergrundstück in der Faberstraße ging es los – es folgten die ersten legendären Weinfeste und Maskenbälle nach dem Krieg, alles in unserem großartigen Familienalbum verewigt, das eigentlich ein eigenes Buch wert wäre. Nach dem frühen Tod seiner ersten Frau ruhten die Augen meines Vaters dann Anfang der 1950er Jahre wohlgefällig auf der jungen, attraktiven Ursula, die dort als Kontoristin angeheuert hatte. Nach Ernsts Motto ‚Lieber zwei Silberhochzeiten als eine Goldene!' wurde 1956 geheiratet, und 1961 kam ich zur Welt. Meine Eltern erkannten rasch die Trends der Zeit und importierten Wermut aus Italien, Portwein und Madeira aus Portugal und, lastzugweise in riesigen Korbflaschen, Sherry aus Spanien. 1962 konnten sie auf dem Trümmergrundstück anstelle des Provisoriums ein schmuckes Mehrfamilienhaus errichten, wo wir heute noch sitzen.

Der Hausherr ist vom pädagogischen Eifer beseelt, die Menschen zum gepflegten Verzehr ganzer Bouteillen zu motivieren, will heißen: Schoppenweine sind relativ teuer, die gute Flaschenware recht preiswert.

In den Achtzigern wendeten wir uns dann stärker der Gastronomie zu. Die Renner damals in der Weinstube: Tortellini in Käse-Sahne-Mascarponesauce (Anmerkung des Chronisten: „Au weia!"), Schneckenpfännchen, überbackene Zwiebelsuppe und das heute noch beliebte Käsefondue. Nach dem Tod meines Vaters 1987 übernahm meine Mutter komplett das Zepter und ging erst 2016 in den Ruhestand. Ich habe bei meinen Eltern schon mit sechzehn meine Ausbildung zum Groß- und Außenhandelskaufmann begonnen und bin seitdem, abgesehen von ein paar kurzen Unterbrechungen, hier."

Original Neuenburger Käsefondue

Zutaten für 2 Personen

300 g geriebener Käse (Schweizer Sbrinz)

0,2 l trockener Riesling

1 Tl Stärkemehl

1 Spritzer Zitrone

2 cl Kirschwasser

Pfeffer und Muskat

1 Baguette-Stange, gewürfelt

Den frisch geriebenen Schweizer Käse in den erhitzten Wein geben und dann alles zusammen bei guter Hitze kochen. Sobald das Fondue cremig geschmolzen ist, das Stärkemehl im Kirschwasser auflösen und beides in das Fondue geben. Dann mit Pfeffer, Muskat und einem Spritzer Zitrone, je nach Geschmack, würzen.

Und nicht vergessen: Jeder, der sein Brot an der langen Gabel in das Fondue taucht, sollte einmal umrühren! So bleibt der Käse cremig bis zum Schluss.

Cornelia Poletto

Auf zu neuen Sternen

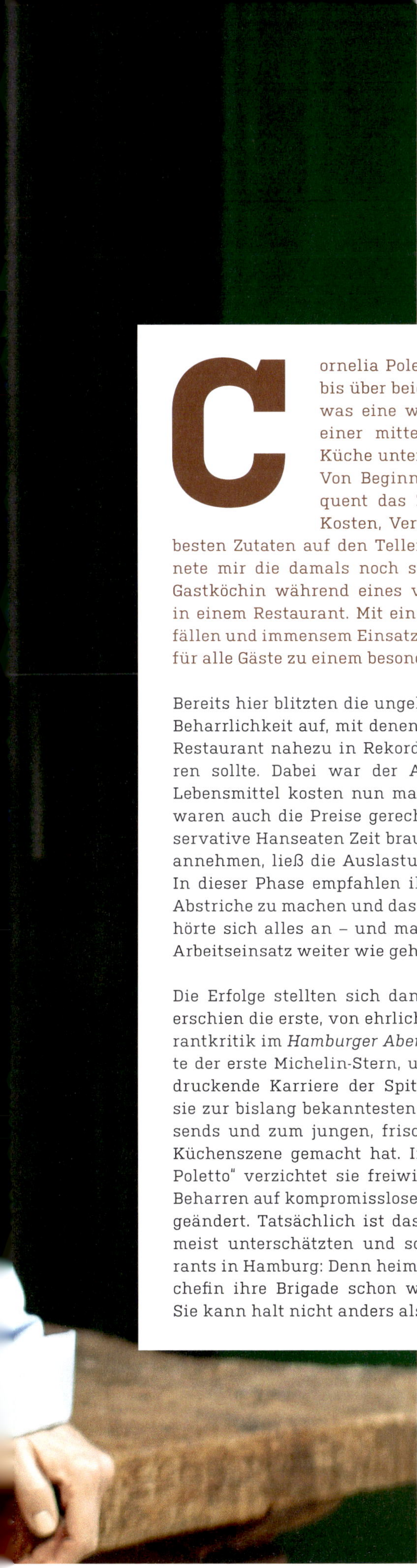

Cornelia Poletto ist, seit ich sie kenne, ständig bis über beide Ohren verliebt. Und zwar in das, was eine wirklich herausragende Küche von einer mittelmäßigen oder „nur“ sehr guten Küche unterscheidet: großartige Lebensmittel! Von Beginn ihrer Karriere an hat sie konsequent das Ziel verfolgt, ohne Rücksicht auf Kosten, Verluste oder Bedenkenträger nur die besten Zutaten auf den Teller zu bringen. Das erste Mal begegnete mir die damals noch sehr junge Herdvirtuosin 1999 als Gastköchin während eines von mir organisierten Weinmenüs in einem Restaurant. Mit einigen brillanten kulinarischen Einfällen und immensem Einsatz sorgte sie dafür, dass dieser Abend für alle Gäste zu einem besonderen Erlebnis wurde.

Bereits hier blitzten die ungeheure Energie, das Können und die Beharrlichkeit auf, mit denen sie ihr im Oktober 2000 eröffnetes Restaurant nahezu in Rekordzeit zu Michelin-Sternweihen führen sollte. Dabei war der Anfang echt schwer: Erstklassige Lebensmittel kosten nun mal sehr viel Geld, dementsprechend waren auch die Preise gerechtfertigterweise hoch. Und da konservative Hanseaten Zeit brauchen, bis sie ein neues Restaurant annehmen, ließ die Auslastung manchmal zu wünschen übrig. In dieser Phase empfahlen ihr viele Wohlmeinende, qualitativ Abstriche zu machen und das Niveau zu senken. Cornelia Poletto hörte sich alles an – und machte unbeirrbar und mit enormem Arbeitseinsatz weiter wie gehabt.

Die Erfolge stellten sich dann nach und nach ein: Ende 2000 erschien die erste, von ehrlicher Begeisterung getragene Restaurantkritik im *Hamburger Abendblatt* (von wem wohl?), 2002 folgte der erste Michelin-Stern, und kurz danach begann die beeindruckende Karriere der Spitzenköchin im Buntfernsehen, die sie zur bislang bekanntesten deutschen Köchin dieses Jahrtausends und zum jungen, frischen Gesicht der neuen deutschen Küchenszene gemacht hat. In ihrem aktuellen Haus „Cornelia Poletto“ verzichtet sie freiwillig auf Sterneweihen – an ihrem Beharren auf kompromissloser Qualität hat sich jedoch kein Jota geändert. Tatsächlich ist das „Cornelia Poletto“ eines der wohl meist unterschätzten und somit auch preis-wertesten Restaurants in Hamburg: Denn heimlich, still und leise hat die Küchenchefin ihre Brigade schon wieder auf Sterneniveau getrimmt. Sie kann halt nicht anders als kompromisslos perfekt.

2005 erschien als erste von vielen erfolgreichen Veröffentlichungen das Kochbuch *Alles Poletto*, aus dem auf Wunsch der Wirtin sehr gern wie folgt zitiert sei: „Wer immer Cornelia Poletto als Gast begegnet, hat das Vergnügen mit einer überaus charmanten Dame: Freundlich, geduldig und mit echter Begeisterung wird sie schildern, was auf den geneigten Esser wartet. Und wenn die feengleiche, zarte Gestalt mit dem blonden Haar fein lächelnd in die Küche entschwindet, wird er sicher sein: Hier entstehen große Gerichte in einer spielerischen Harmonie unter Freunden. Durchaus desillusionierend kann es sein, wenn der nämliche Gast Ohrenzeuge davon wird, wenn der Küchenbrigade gerade etwas missraten ist: Dann mag es passieren, dass kehlige Laute, die eher an den nahen Tierpark erinnern, aus der Küche dringen. Da wird dann gebrüllt, geschimpft und getobt: Und das ist nicht etwa ein böser Souschef, nein: Die Lady kann auch anders.“

Wie die Lady zu dem wurde, was sie ist, erzählt sie uns nun selbst: „Mein Vater, seines Zeichens Arzt und Professor, war ganz schön verblüfft, als ich ihm mit 18 Jahren eröffnete, dass ich Köchin werden will, hat diesen Wunsch dann aber von Anfang an unterstützt. Nach der Hotelfachschule habe ich mir einen Ausbildungsplatz bei einem der besten nur denkbaren Lehrmeister erkämpft: dem 3-Sterne-Koch Heinz Winkler in Aschau. Eine echt harte Schule, aber das Handwerk, die Perfektion und Sorgfalt bei den Zubereitungen lernte ich hier von der Pike auf.

Außerordentlich geprägt hat mich dann meine nächste Station: das damalige Sternerestaurant ‚Anna e Sebastiano'. Von Anna Sgroi habe ich ungeheuer viele Inspirationen bekommen und die Raffinesse der Einfachheit kennengelernt, die die große italienische Küche auszeichnet. Das fasziniert mich bis heute. Zu den schönsten Aspekten meines Berufs zählt die Mitgliedschaft bei den Jeunes Restaurateurs – ein Kreis gleichgesinnter Spitzenköche, die im ständigen Austausch stehen und sich gegenseitig weiterbringen. Nach dem Abriss des Gebäudes, in dem ich mein erstes Restaurant hatte, habe ich den Michelin-Stern freiwillig an den Nagel gehängt – aber ohne jegliche Konzession an die Qualitäten der Produkte und die Sorgfalt der Zubereitungen. Außerdem sind in den letzten Jahren noch ein paar tolle Herausforderungen dazugekommen. So macht es mir viel Freude, mein Know-how in meiner Kochschule ‚Cucina' an genussfreudige Menschen weiterzugeben.

Heimlich, still und leise hat die Küchenchefin ihre Brigade schon wieder auf Sterneniveau getrimmt. Sie kann halt nicht anders als kompromisslos perfekt.

In der ‚ZDF-Küchenschlacht' habe ich als Moderatorin und Jurorin viel Kontakt mit netten und kompetenten Kochkollegen und versuche, engagierten Hobbyköchen Mut zu machen. Eine schöne Aufgabe ist es auch, für die Dinnershow ‚Palazzo' Jahr um Jahr aufs Neue ein spannendes Menü zu entwickeln. Außerdem unterstütze ich seit vielen Jahren als Schirmherrin das Altonaer Kinderkrankenhaus. Sehr spannend ist das bislang größte Projekt, das mir noch einmal eine ganz neue Welt erschlossen hat: 2018 habe ich gemeinsam mit meinem Kooperationspartner Zwilling das Restaurant ‚The Twins by Cornelia Poletto' in Shanghai eröffnet und pendele nun gelegentlich zwischen China und Deutschland. Aber auch für die Heimat gibt es viele neue Pläne. Die Hamburger können sich jedenfalls in den nächsten Jahren noch auf einige spannende Entwicklungen freuen."

Hamburger Spaghetti alla carbonara

Zutaten für 4 Personen

1 El Butter

100 g Räucheraal, gewürfelt

320 g Spaghetti

2 Eier, verquirlt

2 El Schnittlauchröllchen

40 g frisch geriebener Parmesan

Salz und Pfeffer aus der Mühle

Einen großen Topf mit Wasser zum Kochen bringen, salzen und die Spaghetti „al dente“ garen.

In der Zwischenzeit die Butter in einer Pfanne aufschäumen lassen, Räucheraal dazugeben.

Die Spaghetti abgießen und zum Räucheraal geben. Die Pfanne vom Herd nehmen. Die Eier mit den Schnittlauchröllchen und die Hälfte des Käses dazugeben. Alles gut durchschwenken, so dass die Spaghetti vom Ei glasiert sind. Den restlichen Käse dazugeben, nochmals durchschwenken und sofort servieren.

Hamburgs Wein-Lady

Ina Finn

Mit der Villa Verde hat sich Hamburgs „Wein-Lady" Ina Finn 2006 einen lang gehegten Traum erfüllt: Hier hat sie einen Raum für Wein, Kultur und Genuss geschaffen, der in dieser Form in der Hansestadt einmalig ist. Geboten wird übers Jahr eine Fülle von Veranstaltungen und Seminaren, bei denen Wein und Kulinarik im Mittelpunkt stehen. An 200 Jahre alten Eichenholztischen unter stilvollen Kristalllüstern gibt es unprätentiöse Wein-Einsteigerseminare, Exkurse für Fortgeschrittene und spezielle Abende zu Themen wie Champagner, Sommerweine, Rosé, Südafrika, Südamerika, Antipasti e Vino, Deutsche Weinszene, Unbekanntes Italien, Tapas e Vino, Frankreichs Südwesten, Australien und Neuseeland ... – das unerschöpfliche Füllhorn der Weinwelt spiegelt sich in der Themenvielfalt wider. Dazu wird jeweils adäquat aufgekocht oder ein passendes Buffet geboten.

Auch die Spirituosenwelt hat sich die Gastgeberin auf die Fahnen geschrieben: Neben Abenden zum omnipräsenten Gin, dem prestigeträchtigen Whisky oder dem immer modischeren Rum sind auch mal ungewöhnliche Themen wie „Tequila versus Mezcal" im Angebot. Als echter Weinfreak hat Ina Finn ihr Herz natürlich ans Burgund verloren, als dessen „Deutschland-Botschafterin" sie auch fungiert: Diese zersplitterte, vielschichtige und ganz und gar unübersichtliche Region ist und bleibt die Wiege des Terroir-Gedankens und wartet in der Spitze mit unfassbar tiefgründigen Chardonnays und Pinot noirs in einer weltweit einzigartigen Dimension auf.

Tagsüber geht's in der Villa etwas trockener zur Sache: Als Leiterin der Hamburger Niederlassung der deutschen Wein- und Sommelierschule vermittelt Ina Finn angehenden Sommeliers (w/m) das nötige Rüstzeug – natürlich auch verknüpft mit praktischen Beispielen in Form von Verkostungen. Und wer als Vertriebs- oder Handelsunternehmen seinen Mitarbeiterinnen und Mitarbeitern eine profunde Weinschulung angedeihen lassen will – voilà, Ina Finn steht auch dafür parat.

Der Weg zur Weinexpertin war jedoch verschlungen: „Geboren wurde ich im Februar 1975 in Dippoldiswalde in Sachsen. Da mein Vater Tierarzt und meine Mutter Zahnärztin war und beide Eltern keinerlei Anstalten machten, der SED beizutreten, war meinem älteren Bruder und mir als Akademikerkindern eine Universitätsausbildung in der DDR verwehrt. Um uns eine gute Zukunft zu sichern, planten meine Eltern ab 1988 akribisch die Flucht der Familie in den Westen.

Als echter Weinfreak hat Ina Finn ihr Herz natürlich ans Burgund verloren, als dessen „Deutschland-Botschafterin" sie auch fungiert.

Unseren ursprünglichen Plan, von Rumänien aus nach Jugoslawien zu schwimmen, hatten wir jedoch begraben, weil unter Ceausescu noch scharf geschossen wurde – Lebensgefahr! Im Sommer 1989 reisten wir dann zum ‚Urlaub' nach Bulgarien. Ein Freund meiner Eltern chauffierte uns in seinem Westauto ins Grenzgebiet, wo wir über einen Nebenfluss der Donau nach Jugoslawien schwimmen wollten. Das erste Problem war eine Rotte Wildschweine, die durch das Maisfeld zog, in dem wir uns versteckt hatten, und alle Grenzer aufscheuchte. Nachdem alles wieder dunkel war, fanden wir endlich irgendwann den Fluss. Mein älterer Bruder trug einen Rucksack mit Klamotten für die Familie, und wir waren alle aneinander angeseilt. Zum Glück – denn kaum waren wir im Wasser, riss die reißende Strömung uns fort. Mit übermenschlichen Kräften konnten wir uns auf eine Insel im Fluss retten und meinen Bruder, der sich mit dem Seil im Rucksack verheddert hatte und fast ertrunken wäre, bergen. Nachdem wir auf zwei weiteren Flussinseln gestrandet waren, erreichten wir endlich das rettende Ufer in Jugoslawien, wo uns unser Freund zum Glück auch fand und nach Belgrad in die westdeutsche Botschaft brachte.

Von der Botschaft aus kamen wir nach Westdeutschland und landeten schlussendlich ein Jahr in Tuttlingen, wo es mir sehr gut gefiel. Aber da meine Eltern ja Geld verdienen mussten, zogen wir nach Osterholz-Scharmbeck, wo meine Mutter eine Praxis als Zahnärztin übernehmen konnte. Um die Familie beim Broterwerb zu unterstützen, mieteten wir einen Tante-Emma-Laden an der Bundesstraße 6, wo mein Bruder und ich morgens ab fünf den Fernfahrern Brötchen schmierten, bevor wir zur Schule gingen. Da war ich 16. Vormittags half dann die alte Dame, von der wir den Laden gemietet hatten, aus, und nach der Schule traten wir wieder an.

Nachdem ich mit Ach und Krach mein Abi geschafft hatte (ich war ja immer nur am Arbeiten), dachte ich mir ‚Dienstleistung kannst du ja!' und absolvierte eine Lehre zur Hotelfachfrau im Europäischen Hof in Hamburg. Während der Ausbildung habe ich in der Gastronomie gejobbt und dabei erstmals meine Leidenschaft für Wein entdeckt. So habe ich mich dann ganz mutig als Stellvertretende Sommelière im Hotel Louis C. Jacob beworben und dort im Januar 1998 angefangen. Nach zwei Jahren bin ich in den Vertrieb des Weinguts Schloss Proschwitz in Sachsen gewechselt – als ‚Ost-Rückkehrerin' eine interessante Erfahrung. Noch während der Zeit im Louis C. Jacob hatte ich zum Glück durch exzessives Gläserpolieren während einer Veranstaltung die wohlwollende Aufmerksamkeit des kalifornischen Kultwinzers Jim Clendenen geweckt, so dass meine Bitte, bei ihm ein Praktikum machen zu dürfen, positiv beschieden wurde. Diese sechs Monate in Kalifornien waren der Durchbruch – bei dem äußerst großherzigen Jim durften alle Mitarbeiter ständig die großen Gewächse der Welt probieren, und ich habe unendlich viel gelernt!

Zurück in Deutschland habe ich mich mit 27 Jahren als Weinberaterin selbständig gemacht, Getränkevertriebe und Cash & Carry-Märkte bei der Optimierung des Weinsortiments unterstützt und nebenbei im NIL gejobbt. In dieser Zeit habe ich auch mein Diplom beim Wine & Spirit Education Trust (WSET), eine der forderndsten und anerkanntesten internationalen Ausbildungen für Weinfachleute, geschafft. Mit etwas gespartem Geld habe ich dann die Villa Verde eigenhändig renoviert und eröffnet und nach recht schwierigen Anfangsjahren in die heutige Form entwickelt."

Jos.
Chateau
ESTEPHE

Gougères

Zutaten für 8 Personen (oder auch 4 – sie sind ultralecker, die doppelte Menge ist locker zu schaffen)

165 ml Wasser

1 Prise Salz

65 g Butter

125 g Mehl

3 kleine Eier

125 g Gruyère

Eigelb zum Bestreichen

Wasser mit Salz und Butter in einem Topf aufkochen. Sobald die Butter völlig geschmolzen ist, den Topf vom Herd ziehen. Das gesamte Mehl in einem Schwung zur Buttermasse geben und kräftig verrühren. Den Topf zurück auf die Herdplatte stellen und unter Rühren so lange erhitzen, bis sich am Topfboden ein dünner Film bildet. Den Topf wieder vom Herd nehmen, den Teig ein wenig abkühlen lassen, damit die Eier nicht gerinnen, sobald man sie hinzufügt. Ein Ei nach dem anderen unter Rühren in die Masse geben. Das nächste Ei jeweils erst dann zufügen, wenn das vorherige von der Masse aufgenommen ist. Der Teig sollte weich und glänzend sein und in steifen Spitzen vom Rührlöffel abstehen.

Den Käse sehr klein würfeln – nicht reiben, sonst klebt der Käse zusammen und die Gougères werden nicht so fluffig und duftig, wie sie sein sollten. Zwei Esslöffel der Käsewürfelchen beiseitestellen. Den Rest unter die Masse heben. Mit einem Esslöffel oder einem Spritzbeutel kleine Häufchen der Masse auf ein mit Backpapier ausgelegtes Backblech geben. Die Oberfläche mit verquirltem Eigelb bestreichen und mit den zurückbehaltenen Käsewürfeln bestreuen. Die kleinen Gougères dann bei 200 Grad etwa 25 Minuten goldbraun backen.

Die Gougères sind perfekt als köstlicher kleiner Krapfen zum Aperitif – am besten bietet man sie zu einem Crémant de Bourgogne oder einem Bourgogne Aligoté an.

Wenn die Teighäufchen auf dem Backblech kreisrund dicht nebeneinandergesetzt werden, „wachsen" sie beim Backen zu einem Kranz zusammen. Mit einem kleinen Salat serviert, ergibt das eine köstliche Mahlzeit. Als Kranz geformt oder auch als größere Nocke kann das Backen zehn Minuten länger in Anspruch nehmen. Einfach zwischendurch testen oder mit einem Zahnstocher prüfen, ob die Masse schon fest ist.

Bettina Matthaei
Katharina Wilck

Hamburgs Spice Girls

Es gibt für fast jeden Menschen Websites, die brandgefährlich sind, wenn man eigentlich gar keine Zeit hat. Für mich ist das www.1001gewuerze.de – mir geht immer die kulinarische Fantasie durch, wenn ich in das schier endlos scheinende Aromenreich von Bettina Matthaei und Katharina Wilck eintauche. Das Mutter-Tochter-Team betreibt im Stadtteil Barmbek der „Freien und Gewürzstadt Hamburg" (Bettina Matthaei) eine kleine, feine Gewürzmanufaktur, die ihresgleichen sucht, und die Damen tragen mit Stolz den Ehrentitel „Hamburgs Spice Girls".

Über 200 liebevoll komponierte, kreative, exotische, bodenständige, anregende, nie geahnte, fast vertraute, in jedem Falle inspirierende Gewürzmischungen, Gewürze und Gewürzsalze finden sich auf der Website – jedes einzelne Produkt ist detailliert beschrieben und mit einer Fülle von Anregungen für den jeweiligen Einsatzzweck in der heimischen Genusswerkstatt versehen. Dabei handelt es sich um feinste, entsprechend teils recht kostspielige Manufakturware – Geschmacksverstärker und künstliche Aromen sind streng tabu, die hochwertigen Rohstoffe werden wöchentlich frisch angeliefert und verarbeitet. Dosiert und abgefüllt wird alles per Hand – und gelegentlich auch milligrammweise mit der Apothekerwaage abgewogen. Neben Klassikern wie BBQ-Rubs oder dem Tomatengewürz finden sich auch absolute Exoten wie das Arabische Orangengewürz zu Huhn und Lachs, Hanf-Karamell-Sprinkle oder „Pimp-Gewürze", mit denen man in Sekundenschnelle Mayo oder Ketchup eine besondere Note verleihen kann. Die Kreationen basieren teils auf vertrauten Rezepturen, wie beispielsweise die Currys, teils sind es nie da gewesene Mischungen, die die Manufaktur völlig neu entwickelt hat.

Nimmermüder kreativer Kopf hinter all diesen Ideen ist Seniorchefin Bettina Matthaei, die als hoch geschätzte Gewürz-Seminaristin auf Kreuzfahrschiffen schon die sieben Weltmeere bereiste und auf eine stattliche Sammlung von über dreißig selbst verfassten Büchern zu den Themen Kochen und Würzen verweisen kann. Die kleine Manufaktur in der Geierstraße 11 ist auch offen für Besucher – und wenn sich geeignete Gruppen für ein Seminar zusammenfinden, weiht Bettina Matthaei sie auch gern in die Geheimnisse guten Würzens ein. Backstage wirkt und wirbelt ihre Tochter Katharina Wilck, die sich um den gesamten kaufmännischen und organisatorischen Part kümmert. Dabei sind beide immer noch ein wenig überrascht, dass sie nun schon seit Anfang 2003 gemeinsam Würze ins Leben der Menschen bringen. Und auch wirtschaftlich segelte die kleine Manufaktur manchmal durch raue Fluten.

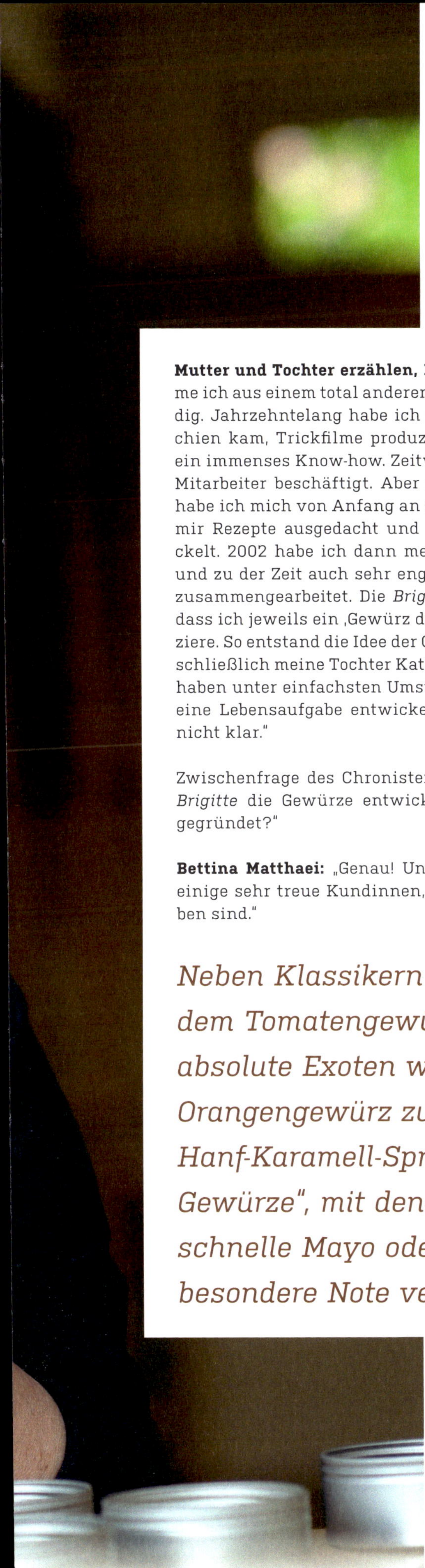

Mutter und Tochter erzählen, Bettina Matthaei: „Eigentlich komme ich aus einem total anderen Bereich, war aber immer selbständig. Jahrzehntelang habe ich mit meinem Mann, der aus Tschechien kam, Trickfilme produziert – dafür gab es in Tschechien ein immenses Know-how. Zeitweise waren bei uns bis zu dreißig Mitarbeiter beschäftigt. Aber für Gewürze, Kochen und Genuss habe ich mich von Anfang an interessiert. Immer schon habe ich mir Rezepte ausgedacht und privat Gewürzmischungen entwickelt. 2002 habe ich dann mein erstes Kochbuch veröffentlicht und zu der Zeit auch sehr eng mit der Frauenzeitschrift *Brigitte* zusammengearbeitet. Die *Brigitte* wünschte sich dann von mir, dass ich jeweils ein ‚Gewürz des Monats' kreiere und auch produziere. So entstand die Idee der Gewürzmanufaktur. Dafür habe ich schließlich meine Tochter Katharina mit ins Boot geholt, und wir haben unter einfachsten Umständen losgelegt. Dass sich daraus eine Lebensaufgabe entwickeln würde, war uns zu dieser Zeit nicht klar."

Zwischenfrage des Chronisten: „Ihr habt also zunächst für die *Brigitte* die Gewürze entwickelt und erst dann 1001 Gewürze gegründet?"

Bettina Matthaei: „Genau! Und aus dieser Zeit haben wir noch einige sehr treue Kundinnen, die uns bis heute erhalten geblieben sind."

Neben Klassikern wie BBQ-Rubs oder dem Tomatengewürz finden sich auch absolute Exoten wie das Arabische Orangengewürz zu Huhn und Lachs, Hanf-Karamell-Sprinkle oder „Pimp-Gewürze", mit denen man in Sekundenschnelle Mayo oder Ketchup eine besondere Note verleihen kann.

Katharina Wilck: „Das Ganze klingt natürlich fast zu schön, um wahr zu sein – und es war auch von Anfang an kein Selbstgänger. Unsere Kundschaft hat sich im Laufe der Jahre mehrfach gewandelt, und wir mussten uns ein paarmal neu erfinden. So ist das Gros der freien, selbständigen Feinkost- und Delikatessenhändler, die ursprünglich unsere besten Kunden waren, dem Strukturwandel zum Opfer gefallen. Das konnten wir durch die Entwicklung von Eigenmarken für größere Kunden, die individuelle Kreation von Gewürzen für Firmenpräsente und die Intensivierung des Internetvertriebs an private Kunden über die Jahre ganz gut ausgleichen. Für die Kreuzfahrt-Seminare meiner Mutter haben wir die Gewürzmischungen, welche die Passagiere an Bord als Giveaway bekamen, sogar auf die Routen der Schiffe abgestimmt!

Bei allen Herausforderungen konnte ich immer auf die Unterstützung meiner Mutter und unseres kleinen Teams wie etwa unserer wundervollen langjährigen Kollegin der ersten Stunde, Sangita Mathur, zählen. Seit November 2019 haben wir nun auch unsere neuen Geschäftsräume bezogen, die perfekt auf unsere Bedürfnisse abgestimmt sind – und wo interessierte Besucher sehr willkommen sind. Nun passt alles wunderbar zusammen, und wir blicken optimistisch nach vorn. Die nächsten Ideen sind schon in der Pipeline!"

Vegetarisches Limettencurry

Zutaten für 4 Personen

- 500 g Brokkoli
- 500 g grüner Spargel
- 250 g Prinzessböhnchen
- 250 g Zuckerschoten
- 1 Bund Frühlingszwiebeln
- 1 unbehandelte Limette
- 30 g frischer Ingwer
- 2–3 rote Chilischoten
- 1–2 Tl Limettencurry
- 200 ml Gemüsefond
- 600 ml Kokosmilch
- Salz
- grüner oder schwarzer Pfeffer aus der Mühle
- Cayenne

Brokkoli, Spargel, Bohnen, Zuckerschoten waschen und putzen. Brokkoli in kleine Röschen teilen, Spargel und Zuckerschoten schräg in Stücke schneiden, Bohnen halbieren. Das Gemüse al dente garen, eiskalt abspülen, beiseitestellen.

Das Weiße der Frühlingszwiebeln hacken, das Grüne in feine Ringe schneiden. Limette heiß abwaschen, in dünne Scheiben schneiden. Ingwer schälen, fein hacken. Chilis längs halbieren, Trennwände und Kerne entfernen, Fruchtfleisch fein würfeln. Ingwer-, Chili- und Zwiebelwürfel in heißem Öl anschmoren, Limettencurry zugeben, unter Rühren eine Minute anrösten, mit heißem Gemüsefond ablöschen. Einkochen lassen.

Kokosmilch zugeben, aufkochen lassen. Mit Salz, Pfeffer, Cayenne und restlichem Limettencurry abschmecken. Gemüse zugeben und erhitzen. Mit Limettenscheiben belegen und mit dem Grün der Frühlingszwiebeln bestreuen. Dazu Basmatireis servieren.

Familie Güler

Im nimmermüden Einsatz – alles für den Laden

Man kennt das: Abends sind Gäste eingeladen, dann läuft der Arbeitstag aus dem Ruder und irgendwann schwant einem: „Mist, wir sind ja erst zehn Minuten vor dem Besuch zu Hause!" In solchen Fällen hilft Familie Güler aus Eimsbüttel mit den von Seniorchefin Mihrican in schier grenzenloser Kreativität komponierten Köstlichkeiten. Mit ihrem aromensatten, suchterzeugenden Auberginensalat (ich brauche ihn mindestens einmal im Monat, sonst fehlt mir was!), dem vielleicht besten Humus der Stadt, aromatischen Tomaten- oder Paprikacremes, hausgemachten gefüllten Weinbergblättern, selbst eingelegten Kräuteroliven und dazu einem Brot von Hamburgs Ciabatta-König Pritsch lassen sich sensationelle vegetarische Vorspeisenvariationen zusammenstellen, die manch hochgelobtes Restaurant vor Neid erblassen lassen. Die Gäste sind erst mal zufrieden, und die Gastgeber schinden Zeit, sich um den Hauptgang zu kümmern. Oder man überlässt die kulinarische Ausgestaltung des Abends gleich ganz den Gülers und serviert Vorspeisen am laufenden Band – auch das geht prima.

Die Gülers sind ein klassisches Beispiel für viele Einwandererfamilien, die ihr Leben komplett in den Dienst eines Ladens stellen und damit eine flächendeckende, qualitativ hochwertige Versorgung mit frischen Lebensmitteln in Hamburg erst möglich machen. So haben sie sich mit ihrem Obst- und Gemüseladen in Eimsbüttel und ihren hausgemachten Spezialitäten einen exzellenten Ruf erworben. Aber dafür sind Aziz und Mihrican und ihre Schwiegertochter Nilay auch im buchstäblich nimmermüden Einsatz.

Ohnehin zeigt sich bei den Gesprächen und Begegnungen mit den Menschen für dieses Buch: Ein Großteil der hier verewigten Genusshelden arbeitet einfach unfassbar viel. Ihrer Vision und ihrem selbst gewählten Anspruch, den Kunden oder Gästen stets das Bestmögliche zu bieten, ordnen sie häufig ihren gesamten Tagesablauf und das überschaubare verbleibende Privatleben unter. Wahre Genusshelden sind in der Regel alles andere als vergnügungssüchtige Hedonisten.

Aziz Güler: „Unser Laden öffnet normalerweise morgens um sieben, das heißt, ab etwa sechs Uhr beginnen wir mit der Bestückung, dem Aufbau und der Befüllung der Auslagen. Geöffnet haben wir, solange unsere Kunden das wollen – das heißt in der Regel bis mindestens abends um halb acht. Bis wir dann alles eingeräumt haben und nach Hause können, wird es meist so halb neun. Den Laden schmeißen vorwiegend meine Frau und meine Schwiegertochter. Ich bin nicht den ganzen Tag im Laden und lege mich zwischendurch mal hin, denn ich fahre seit über 35 Jahren jede Nacht sonntags bis freitags von zwölf bis drei zum Hamburger Großmarkt und erledige unsere Einkäufe. Meine Nacht dauert also meistens nur drei Stunden.

Wir stützen uns vorwiegend auf vertrauenswürdige, langjährige Lieferanten, und ich suche jedes Produkt auf dem Großmarkt persönlich aus. Anders wäre die Qualität des Obstes und Gemüses so nicht zu halten. Insgesamt gibt es immer weniger Händler, die

so arbeiten wie wir, und immer mehr Menschen kaufen Obst und Gemüse im Supermarkt oder beim Discounter. Deswegen hat sich der Hamburger Großmarkt in den letzten zwanzig Jahren auch auf etwa die Hälfte seines Volumens verkleinert.

Ich bin 1969 im Alter von 14 Jahren mit meinem Vater aus Adana eingewandert. Wir haben angefangen, hier zu arbeiten, um Geld nach Hause schicken zu können. Unsere Herkunftsregion in der Türkei war damals sehr arm. Als ich 15 war, ist mein Vater zurückgegangen. Ich bin geblieben, habe jahrzehntelang bei einer Hamburger Großwerft gearbeitet und parallel ein Abendstudium absolviert. 1981 habe ich beim Heimaturlaub in Adana meine Frau kennengelernt. Nach der Heirat haben wir sofort ein Obst- und Gemüsegeschäft in der Hamburger Straße eröffnet und sind 1986 in die Hartwig-Hesse-Straße 1 in Eimsbüttel umgezogen.

In den ersten Jahren habe ich noch bei der Werft weitergearbeitet, bis der Laden so weit war, die Familie zu ernähren. Parallel haben wir drei Söhne großgezogen. Heute sind wir hier zu dritt: meine Frau, meine Schwiegertochter und ich. Und wenn Not am Mann ist, helfen unsere erwachsenen Söhne auch mal mit aus."

Nilay Güler: „Ich habe meinen Mann auf die gleiche Art kennengelernt, wie meine Schwiegereltern sich dreißig Jahre vorher getroffen haben: Bei seinem Heimaturlaub in Adana. In der Türkei habe ich Touristik studiert, aber nachdem ich nach Hamburg gekommen war, stand eigentlich von Anfang an fest: ‚Ich gehe mit in den Laden!' In den ersten Jahren habe ich vor allem erst mal schnell und gründlich Deutsch gelernt. Mittlerweile haben wir auch zwei Kinder, unsere Tochter Melis und unseren Sohn Aziz.

Ich bin tagsüber im Laden mit meiner Schwiegermutter Mihrican. Sie ist für mich die eigentliche Genussheldin – denn sie hat sich all die köstlichen Rezepte für unsere Salate, Pasten und Cremes selber ausgedacht. Nun gibt sie diese Rezepte an mich weiter und bringt mir alles bei, damit ich diese Tradition einmal fortführen kann. Wir arbeiten viel, aber es ist auch schön zu sehen, dass wir die Kunden glücklich machen. Ganz viele sind Stammkunden, kennen den Laden seit Jahrzehnten und haben mich sehr nett aufgenommen. Eigentlich sind wir hier in Eimsbüttel Bestandteil einer großen Familie."

Die Gülers sind ein klassisches Beispiel für viele Einwandererfamilien, die ihr Leben komplett in den Dienst eines Ladens stellen und damit eine flächendeckende, qualitativ hochwertige Versorgung mit frischen Lebensmitteln in Hamburg erst möglich machen.

Zutaten für 4 Personen

4 mittelgroße Auberginen

250 g Rinderhack

2 Peperoni

4 mittelgroße reife Tomaten

1 kleine Dose Tomatenmark (70 g)

1 Zwiebel

4 Knoblauchzehen

1 Bund Blattpetersilie

2 El Olivenöl

1 Tl Salz

½ Tl Kreuzkümmel

½ Tl Pul Biber (gemahlene Peperoniflocken)

schwarzer Pfeffer aus der Mühle

Als Erstes den Stängel der Aubergine entfernen, dann waschen und die Schale längs teilweise in Streifen abschälen, also jeweils einen schmalen Streifen Schale abnehmen und einen Streifen Schale dranlassen, so dass die Aubergine nachher wie ein Zebra aussieht. Nun die Auberginen in einer Ofenform für eine Stunde im auf 180 Grad vorgeheizten Ofen bei Ober- und Unterhitze weichgaren. Derweil die Füllung vorbereiten.

Die Zwiebel schälen, Zwiebel, Peperoni und Knoblauch fein würfeln. Nun die Tomaten blanchieren, schälen und in dünne Scheiben schneiden. Acht Scheiben zurücklegen, der Rest wird gewürfelt.

In einem Topf oder einer kleinen, tiefen Pfanne das Olivenöl erhitzen, Zwiebel, Peperoni und Knoblauch darin anbraten und das Tomatenmark hinzugeben. Nach etwa vier Minuten das Hackfleisch dazugeben und alles so lange anbraten, bis keine Flüssigkeit mehr da ist. Die gewürfelten Tomatenstücke dazugeben und einkochen lassen. Die Hälfte der Petersilie klein hacken und daruntermischen. Schwarzen Pfeffer aus der Mühle, das Salz, den Kreuzkümmel und Pul Biber hinzugeben.

Die abgekühlten Auberginen halbieren, längs einschneiden und das Fruchtfleisch mittig mit einem Löffel auseinanderdrücken. Das Innere leicht pfeffern und salzen, die Auberginen füllen. Obendrauf werden die zurückgelegten Tomatenscheiben verteilt. Jetzt kommen die gefüllten Auberginen noch mal für eine halbe Stunde bei 180 Grad Ober- und Unterhitze in den Backofen. Die restliche Petersilie grob hacken und die Auberginen beim Servieren damit bestreuen. Dazu passt als Dip türkischer Sahnejoghurt.

Karniyarik – Auberginenauflauf

Gebrüder Jacob

Schlachterhandwerk in vierter Generation

Zu den rückläufigen Gewerben in Hamburg und in Deutschland allgemein gehört das ehrwürdige Schlachterhandwerk. Gemessen an den siebziger und achtziger Jahren des letzten Jahrhunderts gibt es heute nur noch einen Bruchteil an selbständigen Schlachtereien – zu stark ist die Dominanz der Supermärkte und Discounter. Ein traditionsreicher Betrieb, dessen exzellenter Ruf weit über den Standort am Eimsbütteler Weidenstieg hinausreicht, ist die Schlachterei Jacob. Das Ungewöhnliche: Während die Branche unter Nachwuchssorgen ächzt, haben hier mit Dennis (Jahrgang 1986) und Kevin (Baujahr 1989) Jacob zwei recht junge Menschen in vierter Generation das Familienerbe angenommen, über den Gesellen zum Meister die volle Ausbildung absolviert und führen nun das Unternehmen, als mutmaßlich jüngste selbständige Schlachter Hamburgs, gemeinsam.

Die beiden blicken auf einen spannende Familiengeschichte zurück: Ihr Urgroßvater Karl Schwarz sowie dessen Frau und Tochter stammten aus Oberschlesien und waren durch den Krieg getrennt worden. Nach der Flucht trafen sie sich in Hamburg wieder, wo sie 1954 die bereits bestehende Schlachterei am Weidenstieg übernahmen. 1961 tauchte dann plötzlich aus Sachsen der schmucke Schlachtergeselle Joachim Jacob auf, heuerte am Weidenstieg an, ehelichte Eleonore, die Tochter des Hauses, und führte mit ihr den Betrieb in die nächste Generation. Sohn Kay, 1962 geboren, setzte dann mit seiner Frau Anja die Familientradition fort. Noch bis 2010 konnte man in Spitzenzeiten drei Generationen hinter dem Tresen erleben, denn auch Großvater Joachim Jacob arbeitete bis zu einem schweren Schlaganfall weiter mit. Seit 2012 haben sich Kay und Anja auf ihren Hof bei Scharbeutz zurückgezogen, wo sie sich um die Eltern kümmern und Rinder züchten. Seitdem führen Dennis und Kevin die Schlachterei allein.

Einen solchen Laden in der Nachbarschaft zu haben ist ein rechter Segen. Denn die Brüder betreiben ihr Handwerk, ohne irgendwelche Konzessionen bei der Qualität zu machen. Die verarbeiteten Schweine und Lämmer stammen von kleinen Bauern aus individueller Zucht ohne Massentierhaltung, die Rinder zum Teil vom Hof der Eltern. Entsprechend hervorragend ist das Fleisch. Neunzig Prozent der Würste werden selbst produziert, in den eigenen Räucherkammern reift der Katenschinken heran, der Kochschinken braucht sich vor den großen französischen Vorbildern nicht zu verstecken. Nachgerade legendär ist die Qualität der vielfältigen hier produzierten Bratwürste. Sie enthalten einen wesentlich höheren Fleischanteil als vorgeschrieben, keine fertigen Gewürzmischungen, sondern ausschließlich Reingewürze, kein Gluten und keine sonstigen Zusatzstoffe und werden täglich frisch produziert. Mehr braucht es nicht zum kleinen Glück.

Obwohl die Brüder mit der Zeit gehen und unter anderem auch – sensationelle – Merguez, Salsiccia oder Lammbratwurst anbieten, sind die All-Time-Klassiker, die jedem Grillator ans Herz gelegt seien, die grobe Bratwurst im schlichten Gewand und die schlanke, anmutige, beherzt gewürzte Hamburger Bratwurst. Eher erfreulich ist auch die Preispolitik, in der sich noch ein wenig die längst von der Gentrifizierung abgelöste Vergangenheit von Eimsbüttel als Arbeiterviertel widerspiegelt: Zwar können und wollen die Jacobs nicht mit den Billigangeboten für das Massenfleisch der Discounter mithalten – aber mehr Geld als an der normalen Fleischtheke im Supermarkt wird man hier in der Regel auch nicht los. Das Maß an Selbstausbeutung, das dafür erforderlich ist, nötigt schon einige Bewunderung ab, wie ein Blick in den Arbeitsalltag der Brüder zeigt.

Dennis und Kevin Jacob: „Unser Wecker klingelt in der Regel so morgens um vier. Dann geht's runter in den Laden – wir wohnen beide direkt obendrüber – und es wird Kaffee gekocht. Gegen fünf geht's los mit der Arbeit: Der Laden muss eingeräumt werden, Bratwürste, Mett und Frikadellen werden frisch produziert. Im Sommer, auf dem Höhepunkt der Grillsaison, wenn wir zahlreiche zusätzliche Bratwurstspezialitäten anbieten, oder vor Heiligabend, wenn wir unsere Schlesische Weihnachtswurst machen, geht es auch manchmal noch deutlich früher zur Sache. Gegen sieben Uhr machen wir den Laden auf – dann sind die Frühstücksbrötchen dran. Vormittags wird Fleisch vorbereitet, und die Tagesgerichte und Eintöpfe werden zum Mitnehmen vorgekocht. Der Bereich wird immer wichtiger, weil die Leute weniger zu Hause kochen.

Wir haben das große Glück, dass wir schon sehr lange drei tolle Mitarbeiter an unserer Seite haben, sonst wäre das alles nicht zu schaffen. Unser Altgeselle Carsten ist schon seit 1991 im Betrieb – der hat uns im Laden aufwachsen sehen und auch schon mal vom Kindergarten abgeholt. Unsere Verkäuferin Mandy ist seit 2002 mit im Boot, und 2015 ist Tina dazugekommen. Tagsüber läuft dann der Laden mit dem regulären Verkauf und den zahlreichen Sonderwünschen, und abends nach sechs Uhr, samstags um zwölf Uhr mittags schließen wir. Bis wir dann alles aufgeräumt und saubergemacht haben, ist es meist gegen sieben Uhr abends. Dann macht Kevin so an drei, vier Abenden pro Woche noch die Buchführung."

Fassungslose Zwischenfrage des Chronisten: „Und wann habt ihr dann mal Zeit, Mädels kennenzulernen?"

Antwort unisono: „Ooooch, dafür gibt's doch den Samstagabend!"

Einen solchen Laden in der Nachbarschaft zu haben ist ein rechter Segen. Denn die Brüder betreiben ihr Handwerk, ohne irgendwelche Konzessionen bei der Qualität zu machen.

Zutaten für 4 Personen

250 g geschälte Erbsen

2 l Kesselbrühe vom Schlachter

1 ganze Räucherschwarte

300 g Suppengrün

Salz, Pfeffer und Majoran

500 g Kartoffeln

3 Wiener Würstchen

Kartoffeln schälen und in kleine Würfel schneiden. Suppengrün klein hacken.

Die Erbsen mit Salz, Pfeffer, Majoran und der Räucherschwarte in der Kesselbrühe kochen. Wenn die Erbsen nach einer Viertelstunde halb weich sind, Kartoffelwürfel und Suppengrün dazugeben und eine weitere Viertelstunde kochen. Nach Geschmack Salz und Pfeffer dazugeben.

Würstchen in dünne Scheiben schneiden und noch etwa fünf Minuten mit ziehen lassen.

Erbsensuppe

Michalis Papadopoulos

Gastgeber mit Leib und Seele

Der kleine Grieche in unserer Straße, / da, wo das Leben noch lebenswert ist, / dort bei dem Griechen in unserer Straße, / da fragt dich keiner, was du hast oder bist.

Mit diesem leicht abgewandelten Liedtext von Peter Alexander ist die „Taverna zum Olymp" in der Eimsbütteler Bismarckstraße schon ziemlich gut beschrieben: Treffen sich hier doch Junge und (gerne mal) etwas Ältere, Menschen aus der Nachbarschaft, die den Laden einfach als Kneipe nutzen, und vor allem viele Genießer, die unkompliziert und trotzdem ausgesprochen gut essen wollen. Seele des Ladens ist der überaus freundliche und aufmerksame Inhaber Michalis Papadopoulos, der hier schon seit Jahrzehnten mit seiner Frau Anna segensreich wirkt, seine Augen überall und für jeden ein freundliches Wort hat und bei Hochbetrieb förmlich im Zeitraffer durch das Lokal wirbelt.

Sehr erfreuliche Akzente setzt auch das dargereichte Essen. Zwar finden sich auf der Karte die sattsam bekannten Griechen-Klassiker à la Gyros, Bifteki, Souvlaki & Co. Der Eingeweihte füllt seine Eingeweide hier jedoch deutlich abwechslungsreicher mit vielen leckeren Kleinigkeiten, die teils gar nicht auf der Karte stehen, auf Wunsch aber gern gereicht werden. Absolut amtlich ist das Tarama, die klassisch-würzige Paste aus Fischrogen und Kartoffeln mit hausgebackenem Brot. Klasse auch die Zucchinipuffer, die wunderbaren gegrillten Calamaris, die in Linsenmehl gewälzten und gebackenen Zwiebelringe, die gegrillten Austernpilze mit Zitronensaft und Knoblauch ...

Wer mag, kann hier den ganzen Abend mit einem nicht enden wollenden Reigen von Kleinigkeiten verbringen, die durchweg schlicht, aber sehr stimmig und gut zubereitet sind. Das gilt auch für die Hauptgerichte, vor allem die Lammzubereitungen: Ob die à point rosa gegrillten Lammkoteletts vom Karree, die Lammsouvlaki oder das Lammfilet – alles kommt in hervorragender Fleischqualität auf den Tisch. Unerreicht ist auch das gegrillte Lammhack, das man sich idealerweise *ohne* Schafskäsefüllung bestellt – die lenkt nur ab.

Preislich wie einrichtungsmäßig (Eiche rustikal, Modell Eckkneipe, nicht umsonst hieß der Laden einst „Eichenburg") gilt: Irgendwie ist die Taverna in den leicht abgeschrabbelten, gemütlichen Achtzigern hängengeblieben. Ganz offenkundig ist das Inhaberpaar weniger bestrebt, hier den schnellen Euro als seine Gäste auf Dauer glücklich zu machen. Die Rechnung scheint aufzugehen, der Laden ist meist gut gefüllt. Die Aufmerksamkeit und Geradlinigkeit, in jedem kleinen Detail spürbar, sind es auch, die einen hier zusammen mit dem Essen geradewegs in den Genuss-Olymp führen. Aber wie verschlug es den sympathischen Gastgeber aus dem Süden ins kühle Hamburg?

Michalis Papadopoulos: „Geboren wurde ich 1958 im Dorf Kastanoussa unweit der bulgarischen Grenze. Nach Grundschule und sechs Jahren Gymnasium auf dem Internat habe ich ein Grundstudium auf der Fachhochschule für Elektrotechnik absolviert, was mir hinterher eine ziemlich entspannte Militärzeit als Flugzeugtechniker auf der schönen Insel Santorini einbrachte. Mit 23 bin ich zurück in mein Heimatdorf und habe mit meinem Vater in dessen kleiner Baufirma und in der Landwirtschaft mitgearbeitet. Mir gefiel das, aber mein Vater wollte, dass ich in die Stadt gehe, weil er in diesem Dorf keine Zukunft für mich sah – wie heute klar ist, völlig zu Recht. Da ich als Student schon gern gekellnert hatte, ging ich nach Saloniki, wo ich recht erfolgreich in die Altstadt-Taverna eines älteren Herrn mit eingestiegen bin. Hier habe ich in zweieinhalb Jahren das meiste gelernt, was ich über Gastronomie wissen musste, und parallel eine Privatschule für Steuerfachangestellte besucht.

Nachdem ich schon längere Zeit von Behördenwillkür und Schikanen in Saloniki schwer genervt war, besuchte ich Anfang 1987 eine Bekannte in Harburg. Da ich natürlich noch kein Deutsch konnte, gingen wir öfters in griechische Lokale – und in einem davon hatte ich dann mein Schlüsselerlebnis: Am Nachbartisch beobachtete ich eine erregte Diskussion zwischen einem sichtlich verärgerten deutschen Gast und dem griechischen Kellner. ‚Was wollte der denn?', fragte ich den Kellner: ‚Der wollte sein Gericht ohne Zaziki!' ‚Und hast du ihm das nicht gegeben?' ‚Nö, da könnte ja jeder kommen mit Sonderwünschen!' ‚Hoppala, dachte ich mir – ich glaube, das mit der Dienstleistung geht deutlich besser!' Das war dann definitiv der Moment, in dem ich beschloss, Wirt in Hamburg zu werden und meine Vorstellungen vom Umgang mit Gästen hier zu verwirklichen. So verkaufte ich meine Anteile an der Taverna in Saloniki, lernte Deutsch in einer Privatschule in den Colonnaden, jobbte in diversen griechischen Lokalen in Küche und Service und konnte schlussendlich, nachdem ich vier Jahre lang an einem griechischen Imbiss in der Grindelallee 87 beteiligt gewesen war, Ende 1993 die Taverna zum Olymp übernehmen.

Wer mag, kann hier den ganzen Abend mit einem nicht enden wollenden Reigen von Kleinigkeiten verbringen, die durchweg schlicht, aber sehr stimmig und gut zubereitet sind.

Das Restaurant führe ich nun mit meiner Frau Anna, mit der ich seit 1994 verheiratet bin – und hier in Eimsbüttel sind auch unser 1995 geborener Sohn und unsere 1998 geborenen Zwillingstöchter aufgewachsen. Gastronomie war und ist für mich nicht nur Beruf, sondern Berufung. Ganz wichtig ist mir ein guter, lebendiger Kontakt zu allen Nachbarn und natürlich zu den Gästen. Wichtig war mir auch immer, nicht gierig zu sein: Wenn die Kunden erst mal Vertrauen aufgebaut haben, kommt das Auskommen später fast von allein. Nach harten ersten Aufbaujahren haben wir heute eine große, treue Stammkundschaft. Stolz bin ich darauf, dass Gäste, die bei mir ein Fest feiern wollen, fast nie nach dem Preis fragen. Sie wissen: Am Ende wird es immer eher günstiger als gedacht!"

Lammfleisch mit Pflaumen

Zutaten für 4–5 Personen

1,5–2 kg Lammfleisch (Schulter)

2 rote Paprika

2 mittelgroße Zwiebeln

2–3 Knoblauchzehen, je nach Gusto

1 Dose geschälte Tomaten (850 ml)

1 Tüte Backpflaumen

Olivenöl

Salz und schwarzer Pfeffer

Das Lammfleisch waschen, in fünf Portionen schneiden und zum Abtropfen auf Küchenpapier legen.

Paprika und Zwiebeln in etwas gröbere Stücke schneiden und die Knoblauchzehen vierteln. Das Fleisch damit spicken und in Olivenöl mit dem Gemüse kurz anbraten. Herausnehmen, mit Salz und schwarzem Pfeffer würzen und alles auf ein Backblech oder in einen Tontopf mit Deckel geben. Die geschälten Tomaten mit einem halben Liter Wasser dazugeben.

Die Backzeit beträgt anderthalb bis zwei Stunden. Während dieser Zeit das Fleisch zweimal wenden, damit es von allen Seiten gut gegart wird. Zwanzig Minuten vor Ende der Backzeit die Backpflaumen hinzufügen – sie geben den Tomaten eine besondere Süße.

Das Lamm mit Salat und Reis oder Kartoffeln servieren.

Berit Windisch Oliver Rohlf

Schokolade für Hamburg

In gewisser Weise erinnert das Schokovida-Reich an einen Eisberg: Nur ein kleiner Teil dessen, was sich dahinter verbirgt, ist an der Oberfläche zu erkennen. Von ihrem geschmackvollen kleinen Eckladen in Eppendorf aus haben Berit Windisch und Oliver Rohlf seit 2004 eine ganze Welt rund um die Schokolade erschaffen. Zwar finden sich in den Regalen noch etliche ausgewählte Produkte der herausragenden internationalen Schokoladenproduzenten – aber den Schwerpunkt legen die beiden kreativen Köpfe mittlerweile auf handgemachte Eigenkreationen aus der dem Laden angegliederten Manufaktur.

Fast alle selbst entwickelten Spezialitäten überzeugen nicht nur durch gute Zutaten, sondern auch mit schmuckem Retro-Design, das einen ausgeprägten Bezug zu Hamburg hat. Kein Wunder also, dass Händler wie Oschätzchen und Mutterland oder Kooperationspartner wie Speicher & Consorten eine breite Palette der Schokovida-Produkte anbieten und viele der Leckereien sich inzwischen als begehrte Hamburg-Souvenirs etabliert haben. Dabei reicht das Spektrum von weißen Schokoladen wie dem Klassiker „Elbstrand" mit Blaumohn über Vollmilchschokoladen wie „Fischkopp" mit Meersalz und Kakaobohnensplittern bis hin zu dunklen, noblen Edelschokoladen wie der unübertrefflichen Sorte „Heimathafen" mit buntem Pfeffer.

Neben den komplett händisch gegossenen und gefertigten Tafelschokoladen gibt es auch zahlreiche von Hand gerollte Trüffelspezialitäten, handgefertigte Pralinen, hochwertige Trinkschokoladen sowie, ebenfalls als vollständige Eigenentwicklung mit bis dahin zum Teil unbekannten Geschmacksbildern, sehr besondere Brotaufstriche wie den „Himbeertoni", einen Himbeeraufstrich mit Sauerkirschen und dunkler Schokolade, oder „Fiete", eine Art Nutella de luxe.

Um die reine Produktion und den Verkauf herum haben die beiden rastlosen Macher inzwischen außerdem eine umfassende Schoko-Eventkultur etabliert: So kann man in Schokoladen-Seminaren vieles über richtige Temperierung und Genussanlässe für Schokolade lernen oder bei speziellen Tastings das Zusammenspiel von Schokolade und Wein ergründen. Die „Königsdisziplin" ist der Pralinen-Workshop: Hier lässt sich die Kunst der Pralinenherstellung erlernen, die selbst gemachten Köstlichkeiten können anschließend mit nach Hause genommen werden. Kurzum: Wer ohnehin schon die Flamme der Schokoladenbegeisterung im Herzen trägt, kann sie bei Schokovida so richtig zum Lodern bringen. Dabei war den beiden Machern das Schokoladenmachen im Schokoladenladen keinesfalls vorbestimmt, denn sie arbeiteten ursprünglich in komplett anderen Bereichen.

Oliver Rohlf erzählt: „Eigentlich komme ich aus der Plattenbranche und habe um die Jahrtausendwende eher unfreiwillig in Berlin gelebt. Dort setzte Ende der 1990er, Anfang der 2000er Jahre ein erster, zaghafter Trend zu hochwertigen Schokoladen ein. In bestimmten Kreisen war es dort tatsächlich en vogue, statt Olivenöl zu schlürfen oder über die Unterschiede zwischen Kalahari-Wüstensalz und grünem Hawaii-Bambus-Salz zu debattieren Schokoladenverkostungen zu veranstalten und mit Begriffen wie ‚bohniger Erstkontakt' und ‚blumiges Röstaroma' Eindruck zu schinden.

Ich kam zum Thema in Kontakt über Holger In't Veld, einen früheren Kollegen aus der Musikbranche und Autor des Buches *Schokorebellen,* der 2003 den ersten Schokoladenladen Deutschlands neuerer Prägung eröffnet hatte. In Berlin gab es also schon was – und in Hamburg: nix. Berit arbeitete zu der Zeit beim Film und bei Fernsehserien als Kostümassistentin und Garderobière. Sie hat in ihrem ersten Leben Textilingenieurwesen und Bekleidungstechnik studiert, hatte aber auch schon einen starken Bezug zum Dolce Vita, da ihr Vater Hans als Konditormeister unter anderem bei Rüdiger Nehberg gearbeitet hatte.

Wir beide hatten schon für das Schoko-Thema Feuer gefangen und uns zum Beispiel bei Zotter, der damals führenden Schokoladenmanufaktur, die sich mit dem Thema Regionalität und Nachhaltigkeit befasste, umgetan. Außerdem hatten wir keine Lust mehr auf Fernbeziehung und wollten gerne etwas Gemeinsames auf die Beine stellen. Daraus entstand die Idee, in Hamburg ein Geschäft ausschließlich für hochwertige Schokoladenspezialitäten zu eröffnen.

Das haben wir dann 2004 schließlich getan. Seinerzeit waren wir damit die Ersten in der Hansestadt und von Anfang an recht erfolgreich. Aber das Alleinstellungsmerkmal hatte nicht lange Bestand: 2005 gab es bereits zwei, drei weitere Läden, die Luft mit der reinen Handelsware wurde also langsam dünner. Schon zu dieser Zeit haben wir viel vom Know-how von Berits Vater profitiert, der sich dann zunehmend in den Laden mit einbrachte. Uns war rasch klar: Die Zukunft liegt in der Entwicklung eigener, hochwertiger, handgefertigter Spezialitäten mit regionalem Bezug! Aus diesen Überlegungen nahmen wir 2008 unsere eigene Schokoladenmanufaktur in Betrieb. Hans stieg bei uns voll mit ein, und Berit drückte noch mal die Schulbank, um sich zur Chocolatière ausbilden zu lassen. Nun stürzten wir uns voller Elan in die Produktentwicklung.

Unser erster großer Erfolg wurden die Hamburg-Schokoladen, die wir zum Teil mit kompetenten Partnern entwickelt haben. Die bunte Pfeffermischung für den ‚Heimathafen' hat zum Beispiel Bettina Matthaei von 1001 Gewürze für uns kreiert. Heute sind wir besonders stolz darauf, dass wir nicht nur tolle Privatkunden haben, sondern auch in noblen Hotels und Restaurants wie dem Haerlin im Vier Jahreszeiten, dem Louis C. Jacob oder beim Budersand auf Sylt gelistet sind."

Neben den komplett händisch gegossenen und gefertigten Tafelschokoladen gibt es auch zahlreiche von Hand gerollte Trüffelspezialitäten, handgefertigte Pralinen, hochwertige Trinkschokoladen sowie, ebenfalls als vollständige Eigenentwicklung mit bis dahin zum Teil unbekannten Geschmacksbildern, sehr besondere Brotaufstriche.

125 g Edelbitterschokolade

125 g Vollmilchschokolade

125 g Sahne

13 g Zucker

⅛ Stange Vanille

1,7 g Meersalz

temperierte Vollmilchschokolade

Kakaopulver

Beide Schokoladensorten fein hacken. Sahne mit Zucker und dem ausgekratzten Vanillemark aufkochen. Die gehackte Kuvertüre dazugeben und kräftig durchrühren. Für eine geschmeidigere Textur mit einem Stabmixer durchmixen und die Ganache auf Raumtemperatur abkühlen lassen.

Wenn die Masse abgekühlt ist, Salz dazugeben und die Ganache auf kleiner Stufe mit einem Handmixer leicht schaumig rühren. Eine nicht zu große Menge in den Beutel geben und Richtung Tülle drücken. Den Beutel fest zudrehen.

Ein Blech mit Backpapier auslegen (zum Fixieren des Papiers ein wenig Ganache links und rechts auf das Blech geben). Den Beutel etwa einen Zentimeter gerade über das Blech halten. Eine Halbkugel aufspritzen. Je runder, umso einfacher wird das spätere Rollen!

Das Blech in den Kühlschrank geben. Ist die Ganache angezogen (nach etwa 5–8 Minuten, es darf bei leichtem Druck nichts mehr am Finger kleben), aus dem Kühlschrank nehmen. Jetzt die Halbkugeln ganz rund rollen und nicht zu lange in den Händen behalten – die Ganache schmilzt! Die Kugeln wieder in den Kühlschrank geben.

Eine Schüssel mit der temperierten Schokolade füllen und ein Blech mit Kakaopulver vorbereiten. Die Kugeln aus dem Kühlschrank nehmen – die Ganache ist wieder druckfest, aber nicht kalt. Handschuhe anziehen, nun etwas Schokolade in die Hand geben und die Kugeln darin rollen. Die Kugeln sofort auf das mit Kakaopulver vorbereitete Blech setzen und im Kakaopulver rollen. Dann vorsichtig auf ein sauberes Blech oder einen Teller setzen.

Meersalz-Trüffel

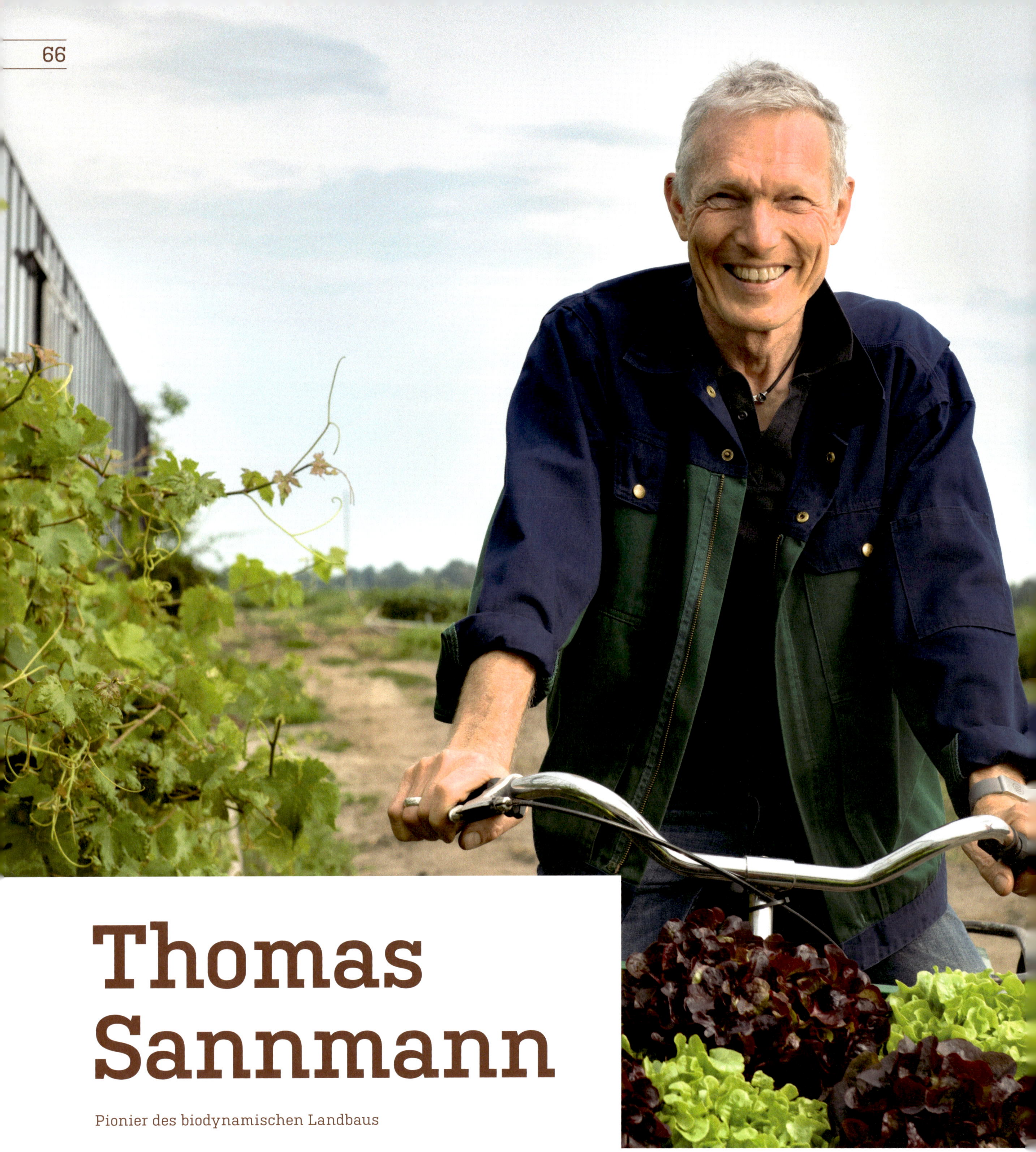

Thomas Sannmann

Pionier des biodynamischen Landbaus

Thomas Sannmann ist der wohl bedeutendste Pionier des biodynamischen Landbaus in den Vier- und Marschlanden. Dabei war ihm das Bio-Gen nicht in die Wiege gelegt: Obst- und Gemüseanbau ist heutzutage Hochleistungssport, und das Gros der Betriebe wirtschaftet nach wie vor konventionell. So auch Thomas Sannmanns Vater, der anfänglich das früh geweckte Interesse seines Sohnes für den biodynamischen Landbau äußerst skeptisch beäugte. Aber die Hinwendung zur Biodynamie zog – nomen est omen – eine äußerst dynamische Geschäftsentwicklung nach sich. Heute sind es rund dreißig Mitarbeiter in der Gärtnerei und drei in der Verwaltung, die für die Befriedigung der stetig wachsenden Nachfrage im Einsatz sind.

Spezialisiert ist der Betrieb auf seltene Gemüsesorten, Wildkräuter und hochwertige Biosalate. So gibt es hier im Spätsommer die Vierländer Platte, eine phänomenal aromatische und köstliche, nur in der Region heimische Tomatensorte, die von Thomas Sannmann wiederbelebt wurde und die italienischen und französischen Edeltomaten locker in die Schranken verweist. Es gibt fast nix, womit ich lieber koche, denn: Vierländer Platte-Wochen sind kulinarische Festwochen!

Schon seit Jahrzehnten bietet Sannmann mittlerweile rund 3000 Haushalten in Hamburg und Umgebung ein immer überraschendes Bio-Gemüseabo, bei dem wöchentlich oder vierzehntägig ein Kistchen mit Gemüsen, Kräutern und Salaten der Saison am heimischen Herd landet. Durch solch ein Gemüseabo entdeckte ich einst meine Leidenschaft für den Winterportulak, eine äußerst köstliche, vitaminspendende und nitratarme Salatart. Ohnehin sind die Edelsalate ein Rückgrat des Betriebs – großflächig wird Feldsalat angebaut, und Sannmann experimentiert unermüdlich mit Sorten wie Erdnusssalat, Wasabisalat, Rübstiel, Picanto, Agorasalat oder Winterkresse. Kein Wunder, dass schon Spitzenköche aus ganz Deutschland beim Bio-Innovator aus dem Norden vorstellig geworden sind – oder gar, wie Heinz Wehmann vom Landhaus Scherrer, seit Jahrzehnten eng mit ihm kooperieren.

Die website www.sannmann.com ist ein Quell für Wissbegierige, die mehr über Ganzheitlichkeit und Nachhaltigkeit des biodynamischen Landbaus erfahren möchten. Und wer gerne mal vor Ort reinschnuppern oder die begehrten Köstlichkeiten erntefrisch für den Hausgebrauch erwerben möchte, kann dies jeden Samstag zwischen 10 und 15 Uhr tun – dann ist der Hofladen am Ochsenwerder Norderdeich 50 für die staunende Weltöffentlichkeit geöffnet. Ganzheitliches Wirtschaften und Bewahren des fragilen Naturerbes für die nächsten Generationen – das ist es, was den Bio-Pionier beseelt.

Hier erzählt er, wie es dazu kam: „Geboren wurde ich 1958 in Hamburg-Bergedorf. Gemüseanbau hat bei uns Tradition – ich bewirtschafte den väterlichen Hof in neunter Generation. Schon meine Großmutter fuhr einst mit dem Pferdefuhrwerk zum Hamburger Großmarkt, der seinerzeit auf dem Rathausmarkt oder dem Rödingsmarkt stattfand. Mein Interesse für die Biodynamie wurde früh geweckt, als ich während meiner Ausbildung zum – konventionellen – Gärtner in Glückstadt bei der Landjugend einen Vortrag über die Biodynamie nach Rudolf Steiner hörte. Seitdem lässt das Thema mich nicht mehr los.

Mein Vater hatte erst schwere Bedenken, als ich nach Hause zurückkam, und gestattete mir nur eine kleine Versuchsfläche für den biodynamischen Anbau. Aber die Ergebnisse waren so gut, dass ich den ganzen Hof umstellen konnte, seit 1985 biologisch wirtschafte und 1992 die Umstellung auf den komplett biodynamischen Wirtschaftskreislauf vollzogen habe. Zu unseren ursprünglich drei Hektar Gemüseanbau sind mittlerweile weitere 57 Hektar Pachtfläche hinzugekommen. Etwa die Hälfte davon ist Grünfläche, die ich für unsere zwanzig Kühe benötige.

Die Kühe sind keine Milchkühe – die Milch geht an die Kälber, und alle leben mit viel Bewegungsfreiheit im offenen Laufstall. Es geht um den Kompost, den wir in der Biodynamie dringend benötigen. Da Kühe als Wiederkäuer zwei Mägen haben, ist ihr Dung doppelt verdaut und als Dauerhumus besonders wertvoll für die Bodenqualität und Biodiversität. Das ist auch der beste Umweltschutz: Ein optimal mit Dauerhumus versorgter Boden kann bis zu 240 Tonnen CO_2 pro Hektar binden! Und der Boden ist das Medium, in dem die Pflanzen wachsen. Ist der Boden nicht nachhaltig entwickelt, kann er dem Menschen seine Kräfte über die Pflanzen nicht mehr vermitteln. Über die Pflanzen nehmen wir alles Notwendige auf: Sie speichern für uns die Energie des Sonnenlichts und die Kraft des Bodens und geben diese an uns weiter. Nur durch optimal bekömmliche Pflanzen kann der Mensch sich körperlich und geistig weiterentwickeln, denn es gibt einen Kausalzusammenhang zwischen körperlicher Gesundheit und geistiger Leistungsfähigkeit.

Das Schöne: Diese Einsichten sind allmählich ansteckend! Viele Nachbarbetriebe geben ihre Töchter oder Söhne zu mir in die Ausbildung, und einige davon haben sich schon mit biodynamischen Betrieben selbständig gemacht. Unsere Auszubildenden kommen aus ganz Deutschland und sind großenteils hoch motiviert. Im Moment freue ich mich sehr, dass eine meiner Töchter in den Betrieb eingestiegen ist, und wir denken gerade über viele Optionen nach – bis hin zum Ideal der selbst organisierten Gärtnerei. Mir ist es enorm wichtig, für diese Form des biodynamischen Wirtschaftens den optimalen Weg in die Zukunft zu bahnen."

Sannmann experimentiert unermüdlich mit Sorten wie Erdnusssalat, Wasabisalat, Rübstiel, Picanto, Agorasalat oder Winterkresse. Kein Wunder, dass schon Spitzenköche aus ganz Deutschland beim Bio-Innovator aus dem Norden vorstellig geworden sind.

Sannmanns Vierländer-Platte-Tomatensuppe

Zutaten für 4 Personen

1 kg Vierländer Platte Tomaten

ca. 50 g Zwiebel

1 El Olivenöl

1 kleine Knoblauchzehe

½ Tl schwarzer Pfeffer

¾ Tl Salz

3 El fein gehacktes Basilikum

Ein Kilo Tomaten Vierländer Platte in Viertel schneiden und den inneren Strunk entfernen.

Die Zwiebel würfeln und in Olivenöl andünsten. Die Knoblauchzehe dazupressen und die Tomaten zum Andünsten mit in den Topf geben. Den schwarzen Pfeffer und das Salz hinzufügen, das Ganze pürieren und dann passieren, schließlich das fein gehackte Basilikum dazugeben und kurz aufkochen.

Abschmecken, so dass eine leckere Tomatensuppe herauskommt.

Carsten von der Heide

Marc Ciunis

Dirigenten im Gesamtkunstwerk

Hamburgs stilvollstes und staunenswertestes innerstädtisches Immobilien-Entwicklungsprojekt der letzten Jahre sind zweifellos die Stadthöfe. Die Akribie und Detailverliebtheit, mit der hier ein in die Jahre gekommenes historisches Kleinod wachgeküsst und zu strahlendem Glanz erweckt wurde, suchen ihresgleichen. Herz des Ensembles in Bestlage ist das Tortue Hamburg – ein frankophiles Gesamtkunstwerk der Hotellerie und Gastronomie, gestaltet von den Architekten Stephen Williams Associates in Kooperation mit David Chipperfield und den international renommierten Designern Kate Hume, Joyce Wang und Stephen Williams.

Gut, dass die Projektentwickler von Anfang an erkannten, dass die schöne Hülle allein nicht reicht: Sie muss mit anregendem Flair und kulinarischem Leben gefüllt werden, und das, wenn möglich, von den besten Verfügbaren ihrer Zunft. Und so kommen Carsten von der Heide (Jahrgang 1971) und Mark Ciunis (Jahrgang 1965) ins Spiel. Dabei ist die Rollenverteilung klar: Der bodenständige Carsten von der Heide, der als Inhaber und Küchenchef das Casse-Croûte am Gänsemarkt und das Tarantella in der Spielbank zu kulinarischen Weihen führte und sich einen treuen hanseatischen Fanclub erkocht hat, trägt primär die Verantwortung für die beiden Restaurants. Das ist zum einen das JIN GUI, das sich eine kreative chinesisch-asiatische Fusionküche auf die Fahnen geschrieben hat. Die macht doppelt Spaß, wenn das Wetter mitspielt, denn dann kann man die Sashimi-Variationen, die Dim Sums oder das Tuna-Steak mit Teriyaki-Sauce im wunderschönen Innenhof im französischen Stil genießen. In der Beletage thront die brasserie mit ganz viel Casse-Croûte-DNA: Hier werden die Greatest Hits der – nomen est omen – Brasserieküche zelebriert: Austern, Hummer „Thermidor", Bouillabaisse, Châteaubriand, Boeuf Bourguignon, Weinbergschnecken, gebratene Kalbsleber …

Zuständig für mondänes Flair und schillerndes Nightlife ist Marc Ciunis. Dank seiner über dreißigjährigen Erfahrung in der Barszene und der Etablierung so erfolgreicher Formate wie dem CIU an der Binnenalster hat er ein untrügliches Gespür für die neuesten Champagner-, Cocktail- und Spirituosentrends und versteht es, Gäste zu begeistern. Mit der großen, lebhaften bar noir, die sich die Plaza mit dem JIN GUI teilt, und der kleinen, intimen bar

bleu sowie der für exquisite Veranstaltungen vorgesehenen bar privé gebietet er über drei spektakulär gestaltete Etablissements, wie man sie in dieser Form in Hamburg bis dato auch noch nicht hatte. Und außerdem fungiert er als weltläufiger Gastgeber im ungemein schön und individuell designten Hotel, für das das legendäre „Costes" in Paris Pate stand. Wer die beiden Patrons im Gespräch erlebt, wie sie sich gegenseitig die Bälle zuschmeißen und ihr gemeinsames „Meisterstück" vorantreiben, glaubt kaum, dass es für sie jemals ein Leben ohne den anderen gab, aber nein: Erst das Tortue hat sie bei der Arbeit zusammengeführt.

Carsten von der Heide: „Mir sind das Kochen und die stete Dienstleistung am Gast in die Wiege gelegt worden – schon meine Eltern führten einen Landgasthof in Wischhafen, und ich habe mit 16 Jahren meine Kochlehre begonnen. Mit 19 Jahren kam ich nach Hamburg ins Fischereihafen Restaurant und habe später für die Familie Kowalke die seinerzeitige ‚Fischküche' geleitet. Selbständig gemacht habe ich mich dann mit der Übernahme des Casse-Croûte und seitdem immer die Kultur der offenen, für jedermann einsehbaren Küche gepflegt. Das erfordert äußerste Sauberkeit und Disziplin bei den Köchen, aber es wirkt ungemein vertrauensbildend beim Gast. Die offene Küche war und ist auch essenzieller Bestandteil meines anderen eigenen Projekts, des Tarantella in der Spielbank, das ich gerne und mit Leidenschaft geführt habe. Marc kenne ich schon aus der Casse-Croûte-Zeit. Als das Angebot kam, die Tortue-Gastronomie zu entwickeln, und ich hörte, dass er gerade offen für neue Herausforderungen war, habe ich ihn mit an Bord geholt – eine ausgesprochen gute Entscheidung."

Wer die beiden Patrons im Gespräch erlebt, wie sie sich gegenseitig die Bälle zuschmeißen und ihr gemeinsames „Meisterstück" vorantreiben, glaubt kaum, dass es für sie jemals ein Leben ohne den anderen gab.

Marc Ciunis: „Dass sich bei mir so ein Bar-Schwerpunkt herauskristallisiert hat, war eigentlich nicht mein Plan: Ich wollte ursprünglich immer Koch werden und im Landhaus Scherrer lernen. Armin Scherrer versprach mir auch eine Lehrstelle, wenn ich vorher eine Ausbildung zum Restaurantfachmann bei ihm machen würde. Aber dann starb er plötzlich, und mit der Kochlehre war es Essig. So ging ich nach der Kellnerlehre nach Kampen zu Karlchen, damals die Nummer eins der Sylter Barszene. Da Karlchen auch den Presseclub in Bonn betrieb, hatte ich 1983/84 plötzlich das Vergnügen, Helmut Kohl und andere Politikgranden zu bedienen. Danach entwickelte ich mit einem Partner die Strandbude Samoa Seepferdchen auf Sylt zum Fine Dining Restaurant, bevor es mich wieder nach Hamburg verschlug.

Gegen Ende der Achtziger habe ich mich beim damaligen ‚Barkönig' Hubert Sterzinger als Aushilfsbarkeeper verdingt und stieg dort binnen kurzem zum Geschäftsführer und Chef von 400 Mitarbeitern auf. Blöd nur, dass ich anschließend mit Hubert einen Getränke-Lieferservice für die Gastronomie aufmachte, denn der ging pleite, und so hatte ich mit 24 auf einmal 700.000 Mark Schulden an der Backe. Danach habe ich mir gesagt: ‚Nur noch Gastronomie – das kann ich!' und eröffnete auf 35 Quadratmetern meine erste eigene Bar, das Szenario in Eppendorf. Das lief gut, und so wagte ich mich an das CIU am Ballindamm, das ebenfalls von Anfang an ein Erfolg wurde. Anschließend habe ich zwölf Jahre lang das gastronomische Konzept der East-Hotelgruppe verantwortet, bis mich dann der Ruf von Carsten ereilte. Hier bin ich jetzt ausgesprochen glücklich: Das Tortue-Projekt voranzutreiben macht große Freude."

Bouillabaisse

Zutaten für 4 Personen

Sud

250 g feine Champignons

250 g Fenchel

250 g Karotten

250 g Bleichsellerie (Staudensellerie)

250 g weiße Zwiebeln

Kräuterstiele (Estragon, Dill, Basilikum)

1 Lorbeerblatt

10 g Fenchelsaat

1 Prise Salz

500 ml Weißwein

0,15 l Pastis

0,15 l Noilly Prat

500 g frische Tomaten

50 g Tomatenmark

3 g Safranfäden

3 kg Weißfisch-Karkassen
(z. B. Steinbutt, Seeteufel, Knurrhahn,
St. Pierre, Rotbarbe)

1 kg Hummerkarkassen

Einlage
alles in anderthalb Zentimeter große Würfel schneiden

1 Loup de mer-Filet (200 g)

1 Steinbutt-Filet (200 g)

8 Riesengarnelen (2 pro Person)

1 Lachsfilet (200g)

300 g Venusmuscheln

Die Fischkarkassen in kleinere Stücke schneiden und gut mit kaltem Wasser abspülen.

Hummerkarkassen und die Schalen der Garnelen im Topf mit heißem Olivenöl anbraten.

Das gesamte Gemüse in walnussgroße Stücke schneiden und mit den Hummerkarkassen zusammen weiter rösten, ohne dass der Topfinhalt zu dunkel wird. Tomatenmark hinzufügen und leicht mit rösten, dann mit Pastis, Noilly Prat und Weißwein ablöschen.

Sämtliche Gewürze bis auf den Safran, die gut abgetropften Fischkarkassen und eine gute Prise Salz in den Topf geben. So viel Wasser aufgießen, dass der Inhalt des Topfes gerade bedeckt ist, und alles kräftig aufkochen. Mit geschlossenem Deckel für etwa anderthalb Stunden langsam köcheln lassen.

Nach anderthalb Stunden alles abpassieren, am besten durch ein feines Spitzsieb. Jetzt den entstandenen Fond zurück in den Topf geben und je nach Geschmack noch etwas reduzieren lassen.

Fünf Minuten vor dem Servieren den Safran und die in Würfel geschnittenen Fischwürfel für die Einlage in den Sud legen und mitziehen lassen.

Der diskrete Charme der Perfektion

Dirk Kowalke

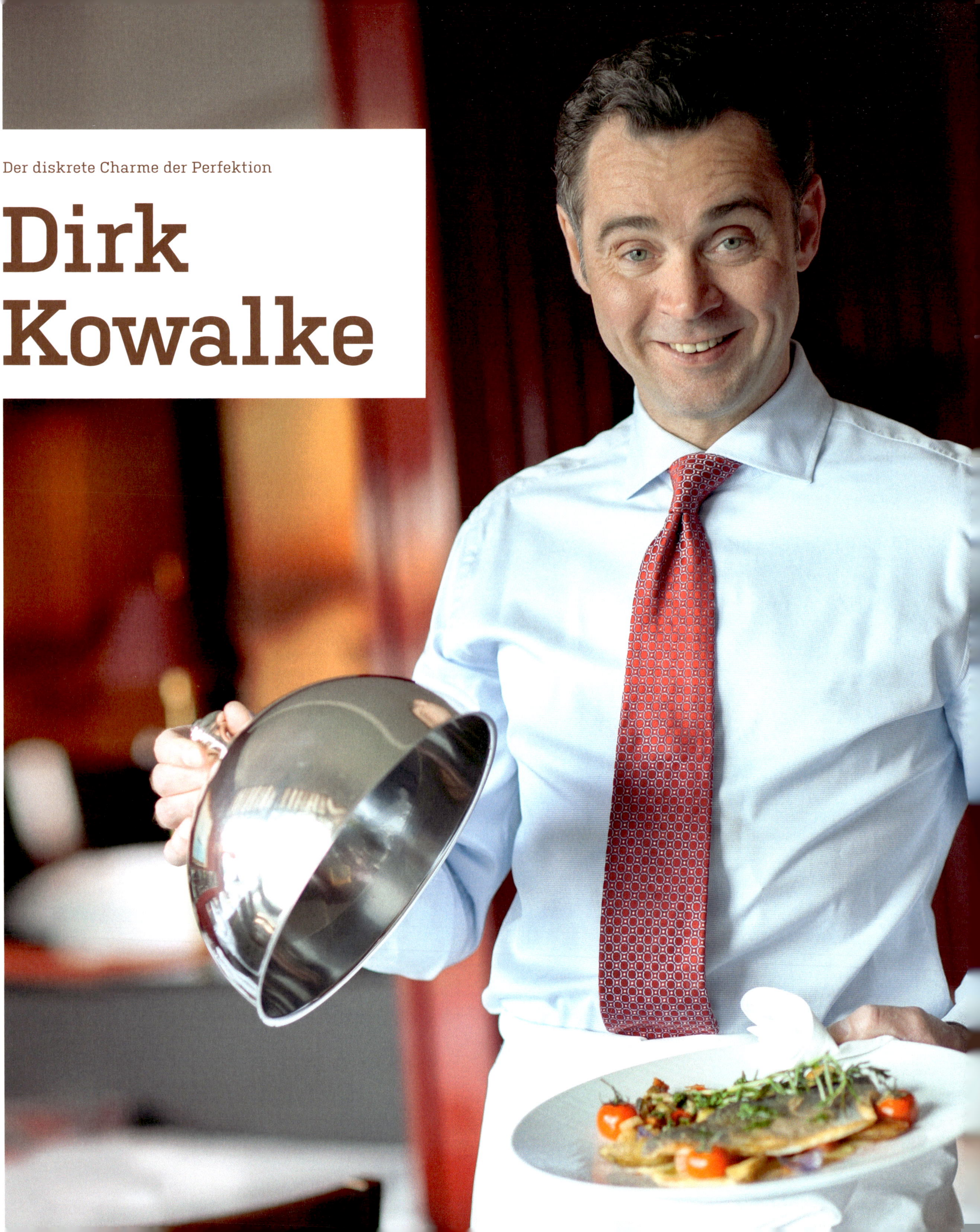

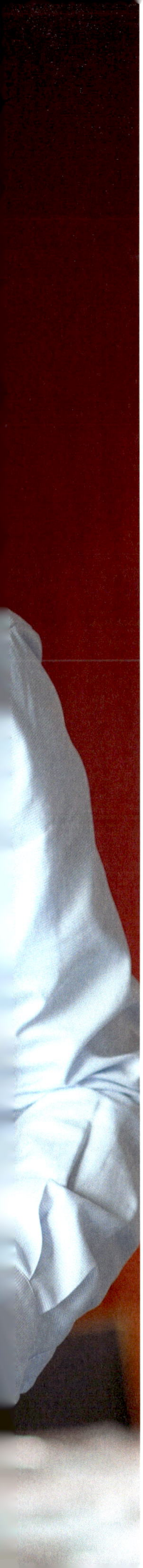

Wenn internationale Promis der A-Kategorie wie US-Außenminister, Mitglieder des britischen Königshauses und Fußballstars in Hamburg weilen, kann man sehr erfolgreich darauf wetten, dass sie mindestens einmal zur Aufnahme warmer Nahrung im Fischereihafen Restaurant einkehren. Dem Team um Patron Dirk Kowalke, der 1997 den Dirigentenstab von seinem Vater Rüdiger übernahm, ist es in den letzten beiden Jahrzehnten gelungen, den unscheinbaren Rotklinkerbau an der Großen Elbstraße zu einer wahren Kultstätte des Genusses zu entwickeln.

Das Geheimnis des Erfolges ist die Perfektion der Zutaten, der Zubereitungen und des Services, was eine Einkehr hier zu einer sicheren Bank macht. Dabei erweisen sich sowohl die traditionellen Fischgerichte als auch die innovativen Kreationen von Küchenchef Jens Klunker unter den noblen Silberhauben als gleichermaßen lecker – und das zu teils überraschend moderaten Preisen. So zahlt man für eine fangfrische Scholle Finkenwerder Art von der Abendkarte knapp zwanzig Euro. Neben solchen Traditionsgerichten und edlen, kostspieligen Spezereien wie Seezunge, Steinbutt oder Kaviar sind auch die Sushi- und Sashimi-Qualitäten von einer Güte, wie sie sonst am ehesten die besten Japaner der Stadt hinbekommen. Und da es auch einen ausgesprochen preiswürdigen Mittagstisch gibt, findet sich heute im Restaurant ein bunter Mix aus genussfreudigen Gästen quer durch alle Alters- und Sozialschichten.

Die Qualität von Küche und Service auf Dauer zu gewährleisten kommt einer Herkulesaufgabe gleich: 65 Mitarbeiter, die an 364 Tagen im Jahr über 100.000 Gäste bewirten, wollen geführt und stetig motiviert werden, und auch die Gäste erwarten Zuwendung von „ihrem" Gastgeber. Wie das alles geht?

Dirk Kowalke erzählt: „Geboren wurde ich im April 1971 in Hamburg und bin im Kaltenkirchener Hof, den mein Vater damals leitete, zwischen Leergutkisten und Kegelbahn aufgewachsen. Ab der achten Klasse war ich dann in einem Internat bei Gießen, wo ich 1990 Abitur gemacht habe. Von 1990 bis 1992 habe ich im Kreiskrankenhaus Kaltenkirchen meinen Zivildienst abgeleistet. Danach folgte eine Banklehre bei der damaligen Privatbank Conrad Hinrich Donner in Hamburg. Allerdings war mir schnell klar, dass das nicht mein Ding ist und dass es mich in die Gastronomie zieht. Schon während der Lehrzeit habe ich im Viva Wentorf am Tresen und im Fischereihafen Restaurant gejobbt, das mein Vater 1981 übernommen hatte. Nach meiner Banklehre habe ich sofort eine Kochausbildung im Hamburger Hotel Vier Jahreszeiten angehängt. Noch heute fühle ich mich dem Haus eng verbunden und pflege etliche Freundschaften aus dieser Zeit. Als Azubi habe ich mir dort auch Geld im Bankett dazuverdient und dabei festgestellt, dass es mich mehr zum Gast als an den Herd zieht. Trotzdem habe ich 1996 noch eine sehr lehrreiche, echt harte Saison als Jungkoch bei Jörg Müller auf Sylt drangehängt – drei Monate Teildienst, also mittags und abends arbeiten, ohne freien Tag!

Völlig überraschend für mich kam dann Ende 1996, da war ich gerade mal 25, von meinem Vater das Angebot, das Fischereihafen Restaurant vollverantwortlich zu übernehmen. Das habe ich ein halbes Jahr später auch getan und mit meinem Vater vereinbart, dass er noch ‚eine Zeit lang' als Berater mit an Bord bleibt. Daraus entstand eine sehr wertvolle, vertrauensvolle und gedeihliche Zusammenarbeit, die letztlich bis zu seinem viel zu frühen Tod Anfang 2019 Bestand hatte. Das halbe Jahr vor meinem vollständigen Einstieg nutzte ich noch, um meine Kenntnisse der traditionellen Servicekultur im renommierten Excelsior Hotel Ernst in Köln zu vertiefen. Als ich Mitte 1997 das Restaurant übernahm, hatten wir ein gutes Abendgeschäft, aber das Mittagsgeschäft lahmte. Viele Unternehmen hatten ihre Spesenrichtlinien deutlich verschärft. Darum habe ich 1999 einen preiswerten Mittagstisch eingeführt, bin bei den Unternehmen der Umgebung ‚Klinken putzen' gegangen, um mich vorzustellen, und habe dabei um die Faxnummer gebeten. Nach einiger Zeit hatte ich so rund 250 Faxadressen beisammen, die wir wöchentlich mit unserem Angebot bespielten – so wurde auch das Mittagsgeschäft wieder ein Erfolg.

Das Geheimnis des Erfolges ist die Perfektion der Zutaten, der Zubereitungen und des Services, was eine Einkehr hier zu einer sicheren Bank macht.

Heute sind wir natürlich mehr in den sozialen Netzwerken unterwegs – wir haben zum Beispiel Top-Bewertungen bei Trip Advisor und über 4000 Facebook-Abonnenten. Damit sind wir die Nummer eins unter den Hamburger Restaurants. Stolz bin ich auch auf unsere konstant guten Bewertungen in den einschlägigen Gastroführern. Und 2018 hat uns die *FAZ am Sonntag* als ‚Deutschlands Gastgeber des Jahres' ausgezeichnet.

Das alles geht nur mit einer starken Familie und einem exzellenten Team. So ist mein Stiefbruder Benjamin Kast seit 2011 mit dabei und ein Superpartner, zu dem ich blindes Vertrauen habe. Mit unserem tollen Küchenchef Jens Klunker bin ich sogar zusammen aufgewachsen, denn vor ihm war schon sein Vater rund dreißig Jahre lang Küchenchef bei uns – eine wohl einmalige Konstellation in Deutschland! Großartig finde ich auch, wie viele Mitarbeiterinnen und Mitarbeiter schon seit vielen Jahren mit an Bord sind – bei meinem 20-jährigen Jubiläum 2017 war es meine größte Freude, verdienten Kollegen nachträglich Urkunden zur 10-, 15-, 20-, 25-, 30- und sogar 35-jährigen Betriebszugehörigkeit überreichen zu können.

Mein Arbeitstag? Beginnt meist morgens um halb elf im Büro. Um halb zwölf heißt es ‚Vorhang auf' – dann werden, die ersten Gäste begrüßt. Der Mittagsservice geht so bis vier Uhr nachmittags, ab sechs Uhr bin ich dann abends wieder bis etwa halb zwölf im Einsatz. Mein größter Luxus: Seit Benjamin mit dabei ist, erfreue ich mich an einer Fünf-Tage-Woche."

Zutaten für 4 Personen als Vorspeise

8 Räucheraalfilets à 50 g

8 in Rechtecke geschnittene Scheiben Vollkornbrot

4 Eier

1 El Schnittlauch, fein geschnitten

½ El gehackte Petersilie

40 g Butter

Salz und Pfeffer

Das Vollkornbrot in etwas Butter braten.

Die Eier gut verrühren, Schnittlauch und Petersilie dazugeben und mit Salz und Pfeffer würzen. Butter in eine Stielpfanne geben und ein Rührei herstellen.

Das geröstete Vollkornbrot auf vorgewärmte Teller geben, die Kräuterrühreier und den angewärmte Aal daraufsetzen.

Räucheraalfilet auf geröstetem Vollkornbrot mit Kräuterrührei

Fast konkurrenzlos und in Kennerkreisen legendär

Uwe & Jens Lühmann

Weinspezialisten gibt es etliche, hochrangige Spirituosenfachleute schon weniger. Nur ganz selten ist es der Fall, dass ein Unternehmen in beiden Bereichen anerkannt und leistungsstark ist. Überdurchschnittliches geleistet haben hier die zwanzig „Lühmänner", davon allein sechs Familienmitglieder, noch bis 2016 unter fast unvorstellbaren Umständen: In relativ kleinen, engen, verbauten Räumen in der Lübecker Straße mit einem verwinkelten Keller haben sie es geschafft, über 4000 verschiedene Spirituosen und rund 800 Weine, Sekte und Champagnersorten nicht nur zu lagern und bei Bedarf schnell zu finden, sondern auch online zu verschicken und im Ladengeschäft zu verkaufen.

Seit 2016 hat sich die Lage ein wenig entspannt: Da konnten Seniorchef Uwe und Junior Jens Lühmann ein funkelnagelneues Zentrallager mit Showroom und Lagerverkauf in Siek in Betrieb nehmen – was die beiden spornstreichs zum Anlass genommen haben, das Gesamtsortiment mal so eben auf rund 7000 Produkte auszuweiten. Gleichzeitig wurde die „alte" Weinquelle in Hamburg entkernt und renoviert und präsentiert sich nun ebenfalls im schmucken, lichten Gewand. Das Weinangebot, zum allergrößten Teil selbst importiert oder vom Winzer bezogen, ist ein klassisches Fachhandelssortiment und umfasst eine stattliche Auswahl renommierter Erzeuger überwiegend aus Europa. Aber das können andere auch.

Grandios und bundesweit ziemlich einzigartig hingegen ist die Sortimentsbreite, -dichte und -tiefe bei den Spirituosen. So finden sich allein 24 Absinths im Angebot, die Gins stammen aus rund dreißig verschiedenen Ländern bis hin nach Peru. Herausragend ist auch die Auswahl teilweise sehr alter, kaum noch aufzufindender Madeiras und Portweine. Für seltene und besondere Rums, Cognacs, Brandys oder Armagnacs können auch schon mal 3000 oder 4000 Euro pro Flasche fällig sein – und unter anderem wegen solcher Raritäten kommen die Kunden teilweise bis aus Schweden und Dänemark angereist, um sich den Kofferraum vollzuladen.

Nahezu konkurrenzlos und in Kennerkreisen legendär ist die Lühmann'sche Whiskyauswahl. Allein hier umfasst das Sortiment rund 1800 Positionen aus aller Welt. Darunter sind viele Raritäten, die Whisky-Afficionados sonst nirgends mehr bekommen können. Trotz der beachtlichen Beratungskompetenz und der enormen Kapitalbindung im Lager haben die Lühmanns ihre Kosten in bester hanseatischer Manier aber offenkundig voll im Griff: Im Bereich klassischer Markenprodukte wie den einschlägig bekannten Spirituosen oder den Champagnern von Veuve Cliquot und Moët Chandon, bei denen sie mit ihrer Kalkulation im Vergleich stehen, zählen sie grundsätzlich zu den günstigsten Anbietern bundesweit. Das Ganze fußt auf einem sehr soliden traditionellen Sockel – denn die Lühmanns blicken inzwischen auf eine stattliche Unternehmensgeschichte von über einhundert Jahren zurück.

Uwe Lühmann, Jahrgang 1957, erzählt: „Los ging's, kein Aprilscherz, als meine Großeltern Ferdinand und Anne Lühmann am 1. April 1919 einen Kolonialwarenladen in der Güntherstraße in Wandsbek aufgemacht haben – in unmittelbarer Nachbarschaft unserer heutigen ‚Weinquelle' in der Lübecker Straße also. Diesen Laden haben sie, auch über den Zweiten Weltkrieg hinweg, bis 1954 betrieben, dann haben meine Eltern Helmut und Christa den Betrieb übernommen. 1964, zwischenzeitlich waren wir schon in der Lübecker Straße, hat mein Vater entschieden, sich ausschließlich auf Weine und Spirituosen zu konzentrieren. Den ‚Testmarkt' dafür eröffnete er Am Schlump 3, und das Ganze war so erfolgreich, dass in den Jahren danach noch zwei weitere Filialen in Poppenbüttel und in der Hermannstraße in der City dazukamen.

Mitte der 1970er Jahre hat dann ein Mitglied der Tchibo-Familie Herz groß in das Getränkegeschäft investiert und angefangen, Filialisten wie das Weinhaus Garbe, das Weinhaus Reimer und auch unsere Filialen aufzukaufen und unter dem Namen ‚Flaschenlager' zu betreiben. Das währte aber nicht lange. Das Stammhaus in der Lübecker Straße hat mein Vater zum Glück behalten und sich erst mal darauf konzentriert. 1977 kam ich dann nach einer Lehre bei Deinhard als Wein- und Sektküfer ins elterliche Unternehmen und habe es 1991 federführend übernommen. Mein Vater hat danach noch eine Zeit lang als ‚Angestellter' weitergemacht: Vormittags kam er ins Büro und las erst mal ausführlich das *Abendblatt*, bis es dann auch schon bald Zeit fürs Mittagessen war. Nachmittags ging es immer zügig nach Hause. Für mich super, denn so hatte ich meine Ruhe.

Im Rückblick ganz toll: Mein Vater hat bereits 1964 angefangen, als einer der ersten Spezialisten Single Malts zu importieren und auch Spezialitäten wie Cognacs, Calvados und Obstbrände direkt zu beziehen. Nach einer Geschäftsreise in die USA mit der Inhaberfamilie von Tengelmann begann er, ebenfalls als Pionier, hochwertige Bourbons einzuführen. Ich habe mir nach der Übernahme überlegt, wo unsere Chance liegen könnte, und bin dann schon 1995 voll mit dem Internet durchgestartet. Das war eine goldrichtige Entscheidung, von der wir bis heute profitieren.

Nahezu konkurrenzlos und in Kennerkreisen legendär ist die Lühmann'sche Whiskyauswahl. Allein hier umfasst das Sortiment rund 1800 Positionen aus aller Welt.

Mittlerweile hat unser Sohn Jens, der ursprünglich etwas ganz anderes machen wollte, aber bei einer ‚Urlaubsvertretung' als Chef Lust auf den Job bekam, das Ruder übernommen. Was uns die Kraft gibt, im sehr harten Wettbewerb so gut zu bestehen, ist ohnehin der enorme Einsatz der ganzen Familie: In Siek arbeitet meine Frau Sabine ebenso mit wie Jens' Frau Carolin, der Laden in der Lübecker Straße wird von Jens' Schwester Katrin geleitet, und meine Schwester Heike pflegt und aktualisiert von Bergisch-Gladbach aus unsere Internetseite – bei 7000 Artikeln ein echter Fulltimejob. Als stolzer Opa bin ich übrigens echt gespannt, ob mal eines von Jens' und Carolins Kindern Lust haben wird, in den Betrieb einzusteigen."

Lühmanns Schaschlik spezial

Zutaten für 4 Personen

350 g Rinderfilet

350 g Schweinefilet

200 g Kalbsleber

8 Zwiebeln, nicht zu groß

8 Scheiben magerer durchwachsener Speck in Aufschnittstärke

750 ml Heinz Ketchup

3–4 El Curry

1 El Paprikapulver edelsüß

1 El Paprikapulver scharf

2–3 El Worcester-Sauce

150 g Mango-Chutney fruchtig-scharf

Chiliflocken nach Geschmack

2 Tassen Langkornreis

Zwiebeln schälen und in Scheiben schneiden. Fleisch in mundgerechte Stücke teilen, nicht zu klein. Speckscheiben jeweils in vier Stücke schneiden. Alle Zutaten (Rinderfilet, Zwiebeln, Schweinefilet, Speck und Kalbsleber) abwechselnd auf Metallspieße aufspießen.

Ketchup erwärmen und nacheinander mit allen Zutaten (Curry, Paprika edelsüß und scharf sowie Worcester-Sauce, Mango Chutney und, je nach Geschmack, Chiliflocken) verrühren.

Reis zubereiten und mit 1 El Curry würzen.

Die Schaschliks scharf in der Pfanne oder auf dem Grill anbraten, bei niedriger Hitze fertig-garen, so dass das Fleisch noch leicht rosa ist.

Ein Glückspilz lässt Champignons quieken

Bert Gamerschlag

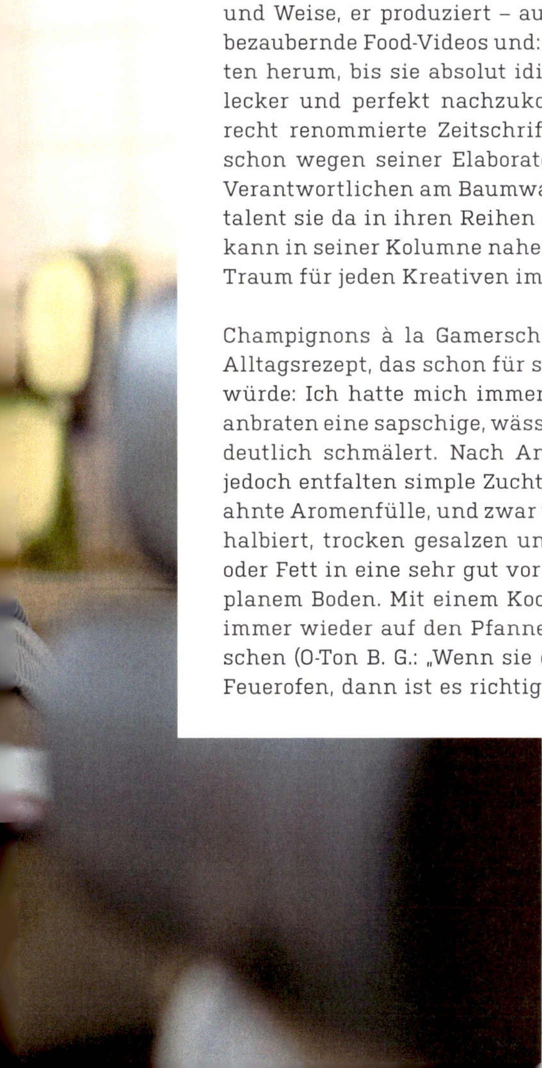

Bert Gamerschlag muss man sich als einen glücklichen Menschen vorstellen: Der Mann befindet sich, je nach Restlaufzeit, im Spätsommer oder Frühherbst seines Lebens, hat den Gipfel seiner Schaffenskraft erklommen, macht etwas, das er heiß und innig liebt, und ist bei seinen Anhängern und vor allem Anhängerinnen unfassbar beliebt. Niemand genießt, zumindest in meinem Umfeld, wo aber auch gerne gekocht wird, nur ansatzweise vergleichbaren Kultstatus. In der Tat ist es mir schon mehrfach widerfahren, dass, nur auf meine Ankündigung hin, jetzt gleich „Champignons à la Gamerschlag" zuzubereiten, und den dezenten Hinweis, das Rezept vom Maestro persönlich (!) erhalten zu haben, Damen aus dem Bekanntenkreis in schiere Verzückung gerieten allein ob der Tatsache, dass ich einen solchen Menschen kenne.

Was aber tut dieser Mensch? Er kocht. Er kocht den lieben langen Tag in seiner privaten Profiküche in Schwerin, er schreibt darüber in einer, das muss man neidlos anerkennen, begnadeten Art und Weise, er produziert – auch das in seiner privaten Küche – bezaubernde Food-Videos und: Er tüftelt so lange an seinen Rezepten herum, bis sie absolut idiotensicher, ausgefeilt, unglaublich lecker und perfekt nachzukochen sind. All dies tut er für die recht renommierte Zeitschrift *stern*, die zu kaufen sich allein schon wegen seiner Elaborate lohnt, und zum Glück haben die Verantwortlichen am Baumwall erkannt, was für ein Ausnahmetalent sie da in ihren Reihen haben. Ergebnis: Bert Gamerschlag kann in seiner Kolumne nahezu tun und lassen, was er will – ein Traum für jeden Kreativen im Journalistenkorsett.

Champignons à la Gamerschlag sind übrigens ein großartiges Alltagsrezept, das schon für sich den Kauf dieses Buches lohnen würde: Ich hatte mich immer geärgert, dass beim Champignonanbraten eine sapschige, wässrige Brühe entsteht, die den Genuss deutlich schmälert. Nach Anweisung des Impresarios bereitet jedoch entfalten simple Zuchtchampignons eine bis dahin ungeahnte Aromenfülle, und zwar wie folgt: Die Champignons werden halbiert, trocken gesalzen und kommen dann *ohne* jegliches Öl oder Fett in eine sehr gut vorgeheizte große Pfanne mit dickem, planem Boden. Mit einem Kochlöffel oder Spatel drückt man sie immer wieder auf den Pfannenboden, bis sie zischen und quietschen (O-Ton B. G.: „Wenn sie quieken wie die drei Jünglinge im Feuerofen, dann ist es richtig"). Wenn die Champignons sich auf etwa ein Drittel bis maximal die Hälfte ihres Ursprungsvolumens gesundgeschrumpft haben, die Herdplatte auf Stufe drei runterdrehen, Butter unterheben, die dann schön karamellisiert, und Pfeffer aus der Mühle und vielleicht ein wenig frischen Thymian dazugeben. Fertig! Versprochen: Solche Champignons haben Sie noch nie gegessen.

Im Übrigen darf man sich auch die – ausnehmend sympathische – Frau Gamerschlag als einen weiteren glücklichen Menschen vorstellen: Seit der Eheschließung im Jahre des Herrn 1992 wird die hart arbeitende Lehrerin von ihrem Gemahl jeden Tag, an dem die beiden nicht auf Reisen sind, frisch bekocht. Wie aber kommt ein gelernter politischer Journalist, der Anglizistik und Amerikanistik studiert hat und einen Magister in Katholischer Theologie vorweisen kann, in die Pole-Position des Genusses?

Der Meister wühlt im Schatzkästlein seiner Erinnerungen: „Geboren wurde ich 1958 in Emmerich am Niederrhein. Meine Mutter hatte ihre zehn Hausfrauenrezepte, die sie rauf- und runterkochte. Sonderlich inspirierend war das nicht. Das erste richtig spannende Essen bekam ich, als ich mal bei Tante Ziska einhütete. Die hatte eine hoch aromatische Hammelsuppe mit frischem Gemüse auf dem Herd stehen, und ich dachte mir ‚Wow, so was gibt's also auch!' Es folgten dann aber kulinarisch absolut grauenhafte Jahre im katholischen Internat und, nach dem Abi, beim Bund bei den Pionieren in Emmerich. Dort habe ich als behüteter großbürgerlicher Jugendlicher im Übrigen erstmals realisiert, dass es sehr unterschiedliche Arten von Menschen gibt – für den Journalismus ausgesprochen nützlich.

Kulinarisch nett wurde es im Studium, als ich zu meinem Vetter Kurt zog. Der und sein Freund Herr Schmitz bekochten sich immer mittwochs gegenseitig auf hausmannsköstlichem Niveau, man hielt sich *essen & trinken* und die *Zeit*. Dort wurde ich zum Bewunderer der kulinarischen Kolumnen von Wolfram Siebeck – wobei ich damals nie geahnt hätte, dass ich mal etwas Ähnliches machen und den Menschen gar kennenlernen würde. Da Vetter Kurts schottische Frau Ann in Malaysia aufgewachsen war, gab es auch häufig köstliche Currys. Bei meinem Studienjahr in Kanada lebte ich in einer vegetarischen WG, anschließend in Schottland teilte ich mir die Küche mit Chinesen. Nach dem Studium landete ich durch eine Anzeige in der *Zeit* an der Henri-Nannen-Schule und war der erste Absolvent, der sich je für ein Praktikum bei *essen & trinken* bewarb. Anschließend pendelte ich dann zwischen *essen & trinken* und *Schöner Wohnen*, bis ich für sieben Jahre zum *Spiegel* ging, wo ich investigativen Journalismus von der Pike auf lernte. Das kam mir später noch einmal zugute, als wir auf den Spuren des ‚Altweinhändlers' Hardy Rodenstock wandelten, den wir wie die Erinnyen (Anmerkung des Chronisten: das sind griechische Rachegöttinnen) verfolgten.

Beim *Spiegel* kam ich auch zum regelmäßigen Kochen, weil ich 1991 das Büro in Schwerin übernommen hatte und kein potenzieller Informant sich mit mir zeigen durfte, wenn er nicht politisch erledigt sein wollte – damals war da ein Großteil der alten Barschel-Gang am Ruder. Also bekochte ich diskret alle Gesprächspartner und auch meine Frau mit mehrgängigen Menüs in meiner Büroküche. Anschließend ging ich dann nochmals für drei Jahre als Redakteur zu *essen & trinken*, bis mich schlussendlich der Ruf des *stern* ereilte. Hier kann ich endlich genau die Dinge tun, die ich wahrscheinlich am besten kann: nette Sachen kochen und freundlich darüber schreiben. Was ich jetzt und hier mache, ist ein Geschenk!"

Zum Glück haben die Verantwortlichen am Baumwall erkannt, was für ein Ausnahmetalent sie da in ihren Reihen haben. Ergebnis: Bert Gamerschlag kann in seiner Kolumne nahezu tun und lassen, was er will.

Meisterwerk
der
SPEISEN
und
GETRÄNKE.
I. Band.
SPEISEN.
Meisterwerk
der
SPEISEN
und
GETRÄNKE

Das perfekte Brathuhn

Zutaten für 4 Personen

1 Bio-Poularde (1,3 kg oder mehr)

100 g Butter

1 Bio-Zitrone

½ Knoblauchzehe

1 Tl feingehackte frische Rosmarinnadeln

2 Lorbeerblätter

125 ml trockener Weißwein

weißer Pfeffer aus der Mühle

½ Tl Salz

Die Butter Zimmertemperatur annehmen lassen. Den Abrieb der Zitrone, die halbe durchgepresste Knoblauchzehe, die feingehackten frischen Rosmarinnadeln, ein paar Mühlenumdrehungen weißen Pfeffers und ½ Tl Salz mit einer Gabel in die Butter einarbeiten.

Das Huhn waschen, trocknen und aufmerksam betrachten. Es gibt eine Bauchöffnung und eine Halsöffnung: An der Halsöffnung vorsichtig mit dem Zeigefinger zwischen Brusthaut und Brustfleisch fahren und die Haut mit dem Finger über den ganzen Bereich des Brustfleisches von diesem lösen. So entstehen zu beiden Seiten des Brustbeins zwei Taschen. Die Würzbutter halbieren und mithilfe eines Teelöffels je zur Hälfte in die beiden Taschen füllen – und die Butter dabei so verstreichen, dass sie gleichmäßig verteilt ist.

Das Huhn von innen großzügig salzen und pfeffern. Die (abgeriebene) Zitronenfrucht mit einem Messer ringsum mehrfach einstechen und zusammen mit zwei frischen Lorbeerblättern in die Bauchhöhle geben. Die Hühnerflügel hinter den Rücken klemmen, die Hühnerbeine über der Bauchöffnung mit Küchengarn zubinden. Das Huhn ringsum mit weicher Butter einpinseln und großzügig mit Salz berieseln.

Aus Alufolie ein doppelt bis dreifach gefaltetes, längliches Dreieck basteln und so an die Hühnerbrust schmiegen, dass die Haut ganz bedeckt ist.

Den Backofen auf 220 Grad hochfahren (keine Umluft). Das Huhn auf dem Rost in die Offenmitte einschieben. Auf dem Backblech darunter eine Schale einschieben, dort, wenn vorhanden, die Innereien des Vogels hineingeben.

Das Huhn – Phase 1 – für zwanzig Minuten bei 220 Grad garen, wobei die Brust von dem Aludreieck geschützt ist. Nach dieser ersten Phase 125 ml trockenen Weißwein in die Schale unter dem Huhn füllen und die Temperatur – Phase 2 – auf 180 Grad senken. Das Huhn nun für dreißig Minuten garen, dabei nach der Hälfte der Zeit (also nach 15 von dreißig Minuten) das Aludreieck fortnehmen (aber nicht wegwerfen). Die Temperatur nun – Phase 3 – auf 130 Grad senken und das Huhn weitere zwanzig bis dreißig Minuten in Ruhe zu Ende garen. In dieser Zeit sollte auch die Brusthaut, die zunächst bleich geblieben ist, hinreichend bräunen. Ist dies nicht der Fall, kann man zum Schluss immer noch (kurz!) den Grill zuschalten, bis der gewünschte Bräunungsgrad erreicht ist. Das Aludreieck zum Schutz auf die Hühnerbrust legen, sollte sie aus irgendeinem Grunde vorab zu braun werden.

Das Huhn während dieser Zeit wiederholt mit dem Bratensaft beschöpfen, der sich unter ihm in der Schale gebildet hat.

Das fertige Huhn auf dem Tranchierbrett zehn Minuten bis eine Viertelstunde unter locker aufliegender Alufolie ruhen lassen. In dieser Zeit aus dem Bratensaft die Sauce zubereiten.

Fonds und Jus vom Saucengott

Jens Rittmeyer

Jens Rittmeyer lernte ich kennen, als er – hoch dekorierter Sternekoch – im noblen Hotel Budersand auf Sylt residierte. Schon damals war ich begeistert, dass er seine Auszeichnung nicht wie eine Monstranz vor sich hertrug, sondern einfach ein ausgesprochen netter Mensch ist. Mittlerweile hat es Jens Rittmeyer ins pulsierende Buxtehude verschlagen. Dort, im Restaurant No. 4 im recht ansehnlichen Hotel Navigare, hat er sich natürlich auch schon längst „seinen" Stern erkocht (ich finde: einer zu wenig). Und hier kreiert er die derzeit so ziemlich spannendsten Menüs in Norddeutschland.

Jens Rittmeyers „Heimliche Leidenschaft" ist die vegetarische Küche – und so heißt nicht zufällig auch das achtgängige vegetarische Menü, das neben einer „Nordischen Reise" – dem klassischen Menü, bei dem er seine Leidenschaft für skandinavische Produkte auslebt – die Abendkarte ziert. Bei beiden gibt es zunächst ein Potpourri faszinierendster, aromensatter, beglückend genialer vegetarischer Kleinigkeiten, und tatsächlich ist mir hier im zarten Alter von 59 Jahren erstmals klar geworden, wie sensationell vegetarische Küche sein kann. Highlight bei beiden Varianten ist Gang fünf: „Brot mit Sauce". Wer immer schon der Ansicht war, dass großartige Saucen das Beste am Essen sind, bekommt sie hier pur in jeweils drei Variationen serviert – und das von einem Manne, der Saucen besser zu bereiten versteht als fast jeder andere auf Gottes weitem Erdenrund.

Mit seinen Saucen schafft sich Jens Rittmeyer gerade ein zweites Standbein – und damit kommen wir der Frage auf die Spur, warum es ihn, unter anderem, nach Buxtehude zog. Denn hier kann und darf Jens Rittmeyer seine eigene, handwerklich raffinierte Manufakturproduktion edelster, intensiver Saucen, Jus, Sude und Fonds aufbauen, die er mit einer eigenen Homepage vertreibt und die nach meinem Dafürhalten auf diesem Qualitätsniveau konkurrenzlos sind. Bislang hatte ich alle Fonds und Jus, die ich irgendwo mal gekauft hatte, als qualitativ so dermaßen krass enttäuschend empfunden, dass wir daheim alle Fisch-, Fleisch- und Geflügelfonds selber produzieren und einwecken. Wem das zu aufwendig ist, dem steht jetzt auf Rittmeyers Website eine faszinierende Auswahl von über fünfzig teils vegetarischen oder veganen, teils fleischbasierten Produkten zur Verfügung, welche die heimische Küche ratzfatz in bis dahin ungeahnte kulinarische Höhen hieven.

Ob Heujus, Wurzelgemüse-Fond, Schwarzwurstjus, Zitronenthymiansauce, Brombeer-Wacholderjus, Eisenkrautsud, Himbeeressig-Pfefferjus oder ganz klassisch Kalbsjus und Geflügelfond: Schier unerschöpflich ist das Füllhorn der Köstlichkeiten, die sich dem fantasiebegabten Hobbykoch auf der Website darbieten und ihn en passant diskret den Kontostand prüfen lassen. Aber Jens Rittmeyers Berufung als Saucengott haben früher schon ganz andere erkannt – unter anderem ein gewisser Dieter Müller vom Schlosshotel Lerbach.

Jens Rittmeyer erzählt: „Geboren wurde ich 1975 in Halle an der Saale. Wir hatten einen riesigen Nutzgarten mit allen nur denkbaren Sorten Obst und Gemüse, und meine Eltern haben immer schon viel eingeweckt, sauer eingelegt oder entsaftet. Hühner und Kaninchen hielten wir auch. Außerdem wurde bei uns viel gekocht – von den Thüringer Klößen meiner Großmutter mütterlicherseits träume ich noch heute!

1991 bin ich dann zu meinem Großonkel nach Baden-Baden gegangen, der dort zwei Gastronomiebetriebe hatte – unter anderem Burg Windeck, welche er nach dem 2-Sterne-Koch Peter Wehlauer übernahm. Gesundheitsbedingt schloss er nach zwei Jahren die Burg Windeck, und ich wechselte ins Allee-Hotel Bären in Baden-Baden. Dort habe ich dann eine zwar harte, aber sehr gute und fundierte Kochausbildung genossen und damit sogar die inoffizielle Kochlehrling-Stadtmeisterschaft gewonnen – gegen die Jungs vom Brenners Park-Hotel und vom Europäischen Hof! Nach der Prüfung, die ich mit 1 bestanden hatte, habe ich erst mal im ‚Stahlbad' in Baden-Baden gearbeitet, bis mich plötzlich, von einer Woche auf die nächste, die Bundeswehr einzog. Aber da habe ich, wie etliche andere frühere und spätere Spitzenköche auch, im Offizierskasino Karlsruhe-Neureut gekocht und hatte dort ziemlich freie Hand.

Im Anschluss wurde mir Baden-Baden doch etwas zu betulich, und ich bin nach einer Zwischenstation im Kölner Hotel im Wasserturm 1999 beim Sternekoch Günter Scherrer im Düsseldorfer Victorian gelandet. Dessen Küchenchef war allerdings ziemlich gruselig – ein Jahr lang habe ich mich durchgekämpft. Aber danach kam eine echt schöne Station: das Landhaus Köpp bei Xanten am Niederrhein, dessen Chef sein Sternerestaurant mit

einem Campingplatz quersubventionierte. Dort habe ich ganz viel über das Aromatisieren von Saucen gelernt und meine Leidenschaft dafür entdeckt. Und einige Zeit später ereilte mich dort auch völlig unverhofft der Ruf von Drei-Sterne-Koch Dieter Müller, bei dem ich, nachdem Herr Köpp gegenüber Dieter Müller das OK gegeben hatte, auch anfangen durfte. Bevor es mich zu meiner nächsten Station, dem Boutique-Hotel ‚Vila Joya' mit einem 2-Sterne-Restaurant in Portugals Süden verschlug, bedankte sich Dieter Müller bei mir mit den Worten ‚Vielen Dank für die vielen guten Saucen, im Namen vieler glücklicher Gäste!'. Nach der Vila Joya wurde ich sechs Jahre lang Küchenchef in einem anderen portugiesischen Sternerestaurant, dem Sao Gabriel, und fing in dieser Zeit erstmals an, eng mit den Bauern der Umgebung zusammenzuarbeiten – was ich heute in Buxtehude auch mit großer Leidenschaft tue.

Als 2009 die Wirtschaftskrise Portugal voll erwischte, ging ich für ein Jahr ins Schlosshotel Grunewald in Berlin, bevor dann ab 2010 die spannende Zeit im Hotel Budersand auf Sylt folgte. Seit 2017 bin ich nun in Buxtehude und total begeistert, dass ich hier neben meinem Job als Küchenchef meinen Traum verwirklichen darf und mit viel Herzblut und Ideen meine eigene Manufaktur aufbauen kann."

Wer immer schon der Ansicht war, dass großartige Saucen das Beste am Essen sind, bekommt sie hier pur in jeweils drei Variationen serviert.

Die Fotos entstanden auf dem Biohof Ottilie im Alten Land.

Zutaten für 4 Personen

4 Jakobsmuscheln in der Schale

80 ml Weißwein

300 ml Selleriesaft (aus Knollensellerie)

150 g Butter

20 g Salzwiesenkräuter

40 g Sonnenblumenöl

Feines Salz

Luisenhaller Salz

Die Jakobsmuscheln vorsichtig aus der Schale lösen, dabei den Bart aufbewahren und unter fließendem kalten Wasser wässern. Die Butter in einem Topf fast schwarz werden lassen, dann den Muschelbart hinzufügen, nun den Wein zugeben und etwas reduzieren. Danach den möglichst frisch gepressten Knollenselleriesaft dazugeben und sehr sanft am Herdrand sieden.

Nach etwa einer Stunde die Sauce durch ein sehr feines Tuch passieren und dann langsam bis zur gewünschten Konsistenz und Geschmackstiefe einkochen, gegebenenfalls noch leicht mit feinem Salz abschmecken.

Die Jakobsmuschelkerne in einer vorgeheizten Pfanne in etwas Sonnenblumenöl braten und mit Luisenhaller Salz würzen. Diese dann in Muschelschalen mit einigen Salzwiesenkräutern setzen und mit der Sauce vollenden. Falls gewünscht, die Sauce vor dem Anrichten gern aufschäumen.

Handgetauchte Jakobsmuschel mit Selleriesaft und brauner Butter

Das Geld hängt an den Bäumen

Jan Schierhorn

Die Geschichte von „Das Geld hängt an den Bäumen" ist die wohl ungewöhnlichste aller Heldengeschichten, die dieses Buch erzählt. Zwar eint seine Protagonisten, dass sie durchweg für ihre Aufgabe brennen und dass sie mit Liebe und Hingabe Ungewöhnliches leisten. Aber nahezu alle betreiben ihre Projekte kommerziell und mit Gewinnabsicht – und das ist ja auch nur gerecht. Insofern fällt Jan Schierhorn, Gründer und Initiator von „Das Geld hängt an den Bäumen", aus dem Rahmen: Auch er arbeitet viel und gern und investiert über die Hälfte seiner Arbeitszeit in dieses großartige Inklusionsprojekt, bei dem Hunderte Tonnen von Äpfeln, die sonst vergammeln würden, einer sinnvollen Nutzung zugeführt werden. Aber er tut dies ehrenamtlich und hat noch dazu einen Teil seines Privatvermögens dafür investiert.

Jan Schierhorns Projekt produziert zu überraschend moderaten Preisen naturtrübe Säfte aus allerfeinstem Obst in herausragender Gourmet-Qualität – hauptsächlich Apfelsaft. Die Früchte dafür stammen vorwiegend aus Privatgärten, von verlassenen Resthöfen oder Ausgleichsflächen der Hansestadt Hamburg. Ursprünglich wurden die Früchte ausschließlich von der norddeutschen „Moster-Institution" Uwe Engelmann in Fintel gepresst. Von ihm lernte Jan Schierhorn, wie mit tiefstem Respekt vor dem Ausgangsprodukt aus hochwertigen Früchten hochwertige Säfte entstehen können – das merkt man bei jedem Schluck. Aufgrund der Vielfalt der verwendeten Apfelsorten ergibt jede Pressung einen anderen, individuellen Saft – ähnlich, wie man es von Jahrgangs- und Rebsortenunterschieden beim Wein kennt. Daher der Vermerk auf jeder Flasche „Schmeckt immer und schmeckt immer anders". Zudem werden hier auch ansonsten verkannte Apfelsorten sinnvoll genutzt, wohingegen bei der herkömmlichen Vermarktung von 80.000 weltweit bekannten Apfelsorten nur dreißig bis fünfzig verzehrt oder versaftet werden.

Aus kleinsten Anfängen hat sich das Projekt mittlerweile in beachtliche Dimensionen entwickelt: Waren es im ersten Jahr ganze 9000 Flaschen Apfelsaft, die verkauft wurden, erreichte „Das Geld hängt an den Bäumen" 2019 bereits rund ein halbe Million Füllungen. Dazu tragen auch große Abnehmer und Unterstützer wie die Kantinen von Otto oder Hamburg Wasser, Bringdienste wie Call-a-Pizza oder Ketten wie die Bäckerei Junge ein gerüttelt Maß bei. 23 Menschen, teils gehörlos, teils traumatisiert, teils in Traumwelten lebend oder mit sonstigen Handicaps, dazu Menschen mit Migrationshintergrund fanden hier 2019 bereits ein gutes Auskommen – Tendenz steigend. Dazu kommen zahlreiche ehrenamtliche Helfer zur Erntezeit. Jan Schierhorn: „Wir arbeiten mit vergessenen Menschen und verwerten vergessenes Obst."

Mittlerweile umfasst die Produktpalette auch erstklassigen Apfel-Birnen-, Apfel-Rhabarber-, Apfel-Holunder- oder Apfel-Johannisbeersaft. Die dafür benötigten Rohstoffe werden zum Teil ebenfalls im Rahmen von Inklusionsprojekten angebaut. Neueste Bestseller im Sortiment sind die – wie die Säfte ausschließlich in Pfandflaschen angebotenen – hochwertigen Schorlen, die Namen und Bilder von langjährigen Mitarbeitern tragen. Wer also seine Apfelschorle „Samuel", die Apfel-Johannisbeerschorle „Simon" oder die Apfel-Rhabarberschorle „Olaf" genießt, bekommt gleich noch einen ganz anderen Bezug zu diesem Projekt.

Jan Schierhorn: „Geboren wurde ich 1969 in Hamburg, bin in Winterhude aufgewachsen und habe am Johanneum mein Abi gemacht. Als Kind keineswegs wohlhabender Eltern mit Kohleofen daheim gemeinsam mit den Sprösslingen der reichsten Hamburger Familien die Schulbank zu drücken war eine prägende Erfahrung – meine Wurzeln habe ich nie vergessen. Schon in der Schulzeit interessierte ich mich stark für kommerzielle und vertriebliche Themen – so schrieb die von mir mitherausgegebene Schülerzeitung ‚Zarathustra' dank meiner regen Anzeigenverkäufe tiefschwarze Zahlen (Anmerkung des Chronisten: „Kenn ich – das war bei unserer Schülerzeitung genauso!"). Noch während der Schulzeit lernte ich den Gründer der Footballteams ‚Silver Eagles' und später der ‚Blue Devils' kennen, kam dadurch zum Sportsponsoring und so schon 1987 als 18-jähriger Freelancer auf ein sehr erkleckliches Monatssalär.

Nach der Schule habe ich nebenher ein Abendstudium an der Kommunikationsakademie absolviert. Parallel habe ich mit einem Partner zusammen den Promotion-Bereich für Warenproben komplett neu aufgestellt und das in Deutschland bis dato unbekannte ‚Touch Point Sampling' eingeführt. Dabei bekommt man zum Beispiel beim Bäcker einen Brotaufstrich, im Fitness-Center ein Duschgel oder beim Klamottenhöker ein Waschmittel als Probe mit. Seit der Agenturgründung 1993 haben wir schon über eine Milliarde Warenproben primär für die großen Markenartikler verteilt und sind damit bis heute unangefochtener Marktführer in Deutschland, Österreich und der Schweiz.

Auf die Idee mit ‚Das Geld hängt an den Bäumen' kam ich 2007, als ich unter meinem prächtig tragenden Apfelbaum saß, einerseits nicht wusste, was ich mit den vielen Äpfeln anfangen sollte, und andererseits auf Sinnsuche war. Nach und nach recherchierte ich, wie unfassbar viele Menschen in der gleichen Situation

waren wie ich und ihre Äpfel aus Schreber- oder Hausgärten einfach nicht loswurden. Dazu kommt ein Riesenpotenzial der Stadt Hamburg, die auf ihren Ausgleichsflächen oder in den streng regulierten Wasserschutzgebieten von Hamburg Wasser in großem Stil Apfelbäume pflanzt. Diese Äpfel zu ernten, zu mosten und zu vertreiben und das Ganze als Inklusionsprojekt mit Menschen mit Handicaps aufzusetzen schien mir ein sinnvoller Beitrag, um den gesellschaftlichen Wandel voranzutreiben. Nachdem ich das Projekt 2008 bei der Körber-Stiftung vorgestellt hatte, erhielt ich eine Anschubhilfe von 10.000 Euro, die ich um die gleiche Summe aufstockte, und habe losgelegt. Dass sich ‚Das Geld hängt an den Bäumen' dank zahlreicher toller Unterstützer bis in die heutige Dimension entwickelt hat, erfüllt mich mit Stolz und Freude."

23 Menschen, teils gehörlos, teils traumatisiert, teils in Traumwelten lebend oder mit sonstigen Handicaps, dazu Menschen mit Migrationshintergrund finden hier ein gutes Auskommen.

Apple Crumble

Zutaten für 4 Personen

Für die Apfelmischung

6 große und säuerliche Äpfel
(z. B. Schöner aus Boskoop, Glocken-Apfel)

2 gehäufte El Zimt-Zucker-Mischung

Saft von einer Zitrone

Wer mag, etwas Zitronenzester
(von Bio-Zitronen, nicht zu viel)

Ein paar Mandelsplitter oder
Rosinen passen auch gut

Äpfel schälen und in unterschiedlich große Stücke schneiden. Dann mit allen Zutaten vermengen und ein paar Minuten andünsten. Die Äpfel sollten noch etwas Biss haben. Zitronenzester erst zum Ende dazugeben. Mischung in eine gefettete Backform geben.

Für den Teig

100 g Mehl

100 g Zucker

100 g Butter (Raumtemperatur)

Wer mag, ein wenig Kokosraspeln
oder ein paar Haferflocken

Alle Zutaten miteinander vermengen und über die Apfelmischung geben. Im vorgeheizten Backofen bei 200 Grad 18 bis 20 Minuten backen.

Apple Crumble aus dem Ofen nehmen und gleich auf den Teller geben, denn warm schmeckt er einfach himmlisch. Mit einer Kugel Eis (Joghurt oder Vanille) wird der einfache Nachtisch zum furiosen Schlussakt eines köstlichen Abendessens.

Unermüdlich im kulinarischen Dienst am Leser

Vivian Hecker

Die Rolle der klassischen Tageszeitungen hat sich in den letzten Jahren sehr gewandelt: Dienten sie früher als reines Instrument zur Nachrichten- und Wissensvermittlung, bieten die innovativsten unter ihnen heute deutlich mehr. So hat sich das *Hamburger Abendblatt* zu einer Erlebnismarke entwickelt, die ihren Nutzern spannende, innovative und qualitativ verlässliche Events bietet, welche weit über die traditionelle Leser-Blatt-Beziehung hinausreichen. In diesem kontinuierlichen Entwicklungsprozess steht das *Hamburger Abendblatt* im Bundesvergleich gut da und dient mittlerweile zahlreichen anderen Zeitungen als erstrebenswertes Vorbild.

Dass diese Wandlung zu einer Erfolgsgeschichte wurde, hängt nicht unwesentlich mit einer klugen Entscheidung zusammen, die 2005 noch zu der Zeit getroffen wurde, als das *Abendblatt* zum Axel Springer Verlag gehörte: Anfang des Jahres 2006 berief man die damals erst 33-jährige Vivian Hecker zur, wie das seinerzeit noch genannt wurde, „Werbeleiterin". Für den bekennenden *Abendblatt*-Fan war sofort klar, dass sie damit die Rolle ihres Lebens gefunden hatte. Mit Feuereifer machte sie sich ans Werk – und formte aus der Werbeabteilung den heute für das *Abendblatt* so immens wichtigen Bereich „Marketing und Events". Vivian Hecker war von Anfang an klar, dass die überdurchschnittlich gebildete und gutsituierte Klientel des *Abendblattes* einerseits sehr genussfreudig und erlebnisorientiert ist – und andererseits von der Marke „Abendblatt" absolute Verlässlichkeit und Perfektion erwartet. Mit der ihr eigenen Energie und Durchsetzungsstärke begann sie, eine eigene Genusswelt für die Hanseaten zu schaffen – und baute den Bereich zu einer mittlerweile 26 Mitstreiter umfassenden, schlagkräftigen Truppe im Dienste der Leser aus.

Zu ihren ersten Großtaten zählte bereits 2009 die gemeinsam mit Thomas Collien initiierte, höchst erfolgreiche Wiederbelebung des Hansa Theaters. Exklusive Musik- und Theaterevents gehören ebenso zum Spektrum des Bereiches wie hochwertige, auch kulturell anspruchsvolle Genussreisen, bei denen es sich Vivian Hecker mit dem ihr eigenen Perfektionismus regelmäßig nicht nehmen lässt, die Leser persönlich zu begleiten und dafür Sorge zu tragen, dass alles reibungslos läuft. Zu einem ganz wichtigen Eckpfeiler der Eventkultur haben sich auch die ungemein populären *Abendblatt*-Lieblingsmenüs entwickelt, die in den besten

Restaurants der Stadt stattfinden. Dabei entscheidet Vivian Hecker, welche Restaurants angefragt werden, nimmt an den obligatorischen Probeessen teil, bei denen akribisch an der Harmonie von Speisen und Wein gefeilt wird und trägt meinungsstark dafür Sorge, dass die treue Schar der Lieblingsmenü-Fans von allzu avantgardistischen Geschmackseindrücken verschont bleibt.

Neben den etablierten Veranstaltungen greift die gebürtige Hamburgerin stets aktuelle Genusstrends auf und entwickelt daraus Erfolgsformate wie das Hamburg Coffee Festival im Museum der Arbeit oder den Hamburger Gin Salon. Und da ihr Herz leidenschaftlich für alles Süße schlägt, konnten *Abendblatt*-Leser bei Workshops auch schon lernen, wie man Cupcakes backt oder Petit Fours produziert. So hat sie mit unermüdlichem Einsatz mit ihrem Team die Marke „Abendblatt" als etwas etabliert, das weit über das normale Zeitungsformat hinausgeht: als einen verlässlichen Begleiter auf allen Pfaden der Kultur und des Genusses.

Und so kam es dazu: „Geboren wurde ich 1972 in Hamburg-Wandsbek. Ich stamme aus einer echten ‚Medienfamilie': Mein Vater ist beim NDR, meine Mutter hat Textnachrichten gesprochen, und mein Bruder dreht Filme, komponiert und ist aktuell beim RBB. Aufgewachsen bin ich in den Elbvororten und habe bis zum Abitur die Waldorfschule in Nienstedten besucht. Das war eine ganz tolle Prägung für mein späteres Genussverständnis, denn dort durchläuft man eine ausgesprochen praxisorientierte, lebensnahe Ausbildung. Wir haben Kochen gelernt, selbst Brot gebacken, auf einem Bauernhof und im Schulgarten Gemüse geerntet und bekamen auch gezeigt, wie man Kühe melkt. Aus dieser Zeit ist mein großer Respekt vor natürlichen, handwerklich erzeugten Lebensmitteln hängengeblieben. Außerdem haben meine Mutter und meine Großmutter immer frisch gekocht, und auch ich habe als Jugendliche schon manchmal die Familie verköstigt.

Exklusive Musik- und Theaterevents gehören ebenso zum Hamburger Abendblatt *als Erlebnismarke wie hochwertige, auch kulturell anspruchsvolle Genussreisen.*

Nach dem Abi habe ich erst mal Kunstgeschichte und Italienisch studiert, aber nach dem Grundstudium gemerkt, dass mir das bunte Organisatorische mehr liegt als die graue Theorie. Also habe ich beim Axel Springer Verlag eine Ausbildung zur ‚Kauffrau für Bürokommunikation', dem Synonym für ‚Sekretärin', absolviert. Die habe ich dann auf anderthalb Jahre verkürzt und mich bei Springer, parallel zu einem ersten Job bei der BILD-Werbung, für ein Stipendium als Kommunikationswirtin beworben. Nach dem Studium und ersten Berufsjahren bin ich mit 29 Werbeleiterin bei *Bild am Sonntag* geworden, bis ich drei Jahre später vom *Abendblatt* abgeworben wurde. Das fand ich ganz großartig, denn ich war schon als Kind bekennender *Abendblatt*-Fan und habe immer nachmittags den Postboten, der es ja damals noch brachte, abgepasst. Noch toller fand ich aber die Jobbeschreibung durch den damaligen Geschäftsführer Christian Delbrück: ‚Frau Hecker, übernehmen Sie die Abteilung und machen Sie daraus, was Sie wollen: Sie haben freie Hand!'

Bei meiner Leidenschaft für gutes Essen ist es vor allem die Pâtisserie, die mich besonders begeistert: Mit nichts kann man mir mehr Freude machen als mit einem raffinierten Dessert. Ansonsten schöpfe ich Kraft aus schönen Dingen, mit denen ich mich umgebe – ich habe immer frische Blumen im Haus. Ganz wichtig ist mir, dass Menschen, seien es nun Gastronomen, Weinhändler oder handwerkliche Lebensmittelproduzenten, ihren Job mit Hingabe erfüllen: Denn nur mit solchen Partnern kann man perfekte Genusswelten und unvergessliche Momente für *Abendblatt*-Leser erschaffen. Die Leidenschaft gilt auch für mein tolles Team."

Vivis schneller Desserttraum

Zutaten für 4 Personen

1000 ml Griechischer Joghurt (10 % Fett)

300 ml Magerjoghurt (1,5 % Fett)

1 Vanilleschote

1 Bio-Zitrone

1–2 El Brauner Zucker

650 g Himbeeren und Blaubeeren (gern auch Erdbeeren)

Baisers vom Pâtissier oder Konditor (keine Industrieware, zu empfehlen sind die Baisers der „Zuckermonarchie", 2 Tüten)

Den Griechischen Joghurt und den Magerjoghurt langsam miteinander verrühren. Das Mark der Vanilleschote, den Saft der halben Zitrone und den Abrieb der ganzen Zitrone dazugeben. Je nach Geschmack 1–2 El Braunen Zucker einrühren und das Joghurtgemisch in eine große Form oder flache Schüssel geben und glatt streichen.

Die handverlesenen, gut abgetropften Himbeeren und Blaubeeren (oder Erdbeeren) einzeln und dicht auf der Masse dekorieren. Die Baisers klein bröseln und die Früchte kurz vor dem Servieren damit bedecken.

Sieht aus wie eine Schneehaube, durch Früchte und Joghurt ist jeder einzelne Löffel wunderbar süß und frisch. Dazu ist ein kühler Dessertwein (Moscato D'Asti von Cascina Fonda) zu empfehlen.

Die Fotos entstanden in der Zuckermonarchie – Café & Events in Hamburg.

Die Letzten ihrer Art

Familie Quast

In der Lebensmittelindustrie ist es gemeinhin so, dass die größten Massenhersteller sich ländliche, nach alter Sitte klingende Firmennamen zulegen, um ihre Produktionsweise tunlichst vor dem Verbraucher zu verschleiern. Da muss man schon genauer hinschauen, oder besser: hinschmecken, um zu realisieren, dass es sich bei der „Altländer Mettwurst- und Schinkenräucherei Quast" um einen ganz besonderen Betrieb handelt. Die in fünfter Generation existierende Räucherei besteht im Wesentlichen aus Vater John und Mutter Agnes, Sohn Jan-Eric, der offiziell die Geschicke vor einiger Zeit übernahm, dem Altgesellen Detlef Bandt und Jan-Erics Bruder, dem Betriebswirt Stephan, der bei Bedarf mit aushilft.

Die Quasts residieren im Alten Land: in Hamburg-Neuenfelde am Elbdeich. Hier ist der Name Quast nicht ganz selten, wie die Geschichte von Johns Vater August unterstreicht: Als er seine Elfriede, geborene Quast, 1952 ehelichte, trugen die beiden Trauzeuginnen, der Standesbeamte und auch der Pastor den Namen Quast. Und Agnes Quast, rührige Chronistin der Familiengeschichte, ist eine geborene – na was wohl? Der Betrieb atmet bis heute in jeder Pore Tradition – was sich auch in der aufwendigen Herstellungsweise niederschlägt.

Produziert werden ausschließlich naturgereifte Schinken und Rohwürste, die in den alten Räucherkammern viele Wochen in heimischem, würzigem Buchenholzrauch reifen. Dabei erfolgt der Reifeprozess komplett manuell – es gibt keine computergesteuerte Anlage. Verwendet werden nur handgemischte Gewürze aus nachhaltigem Anbau nach geheimen Familienrezepten, übliche Wurst-Inhaltsstoffe wie Lactose, Glucose, Fructose, Gluten, Nitrat oder enzymatische Reifemittel sind bei den Quasts streng verpönt. Dieser Verzicht ist freilich ein mühsames Unterfangen und fordert einen hohen Preis: Nicht umsonst wohnen John und Agnes Quast wie auch Sohn Jan-Eric mit Familie direkt auf dem Firmengelände, um Tag und Nacht in den Reifeprozess eingreifen zu können. Jan-Eric Quast: „Jeder plötzliche nächtliche Wetterumschwung kann bedingen, dass ich sofort in die Räucherkammern muss." Andererseits: Das herbe Elbklima mit seiner hohen Luftfeuchtigkeit bietet unvergleichliche Voraussetzungen für die Erzeugung besonderer Wurst- und Schinkenspezialitäten – so säumten einst über zwanzig Räuchereien den Elbdeich im Alten Land.

Die Quasts sind nun die Letzten in der Gegend, die sich der aufwendigen und risikoreichen handwerklichen Produktionsweise verschrieben haben. Das Ergebnis ist allerdings genial: Quasts Rauchwürste, die übrigens nur etwa zwanzig Prozent Fettanteil haben, sind unverwechselbar aromenintensiv, zart und charaktervoll und definieren einen eigenen Mettwurststandard. Und sie halten sich: Ich habe sie schon bis zu einem Jahr im Keller nachreifen lassen. Was hier in Neuenfelde praktiziert wird, ist hohe, schmeckbare Handwerkskunst – nicht nur bei der Mettwurst, sondern auch beim Schinken, den sensationellen Kohlwürsten, der grandiosen Pfeffersalami und allen anderen Produkten, zum Teil auch in Bioqualität.

Richtig vergoldet wird den Quasts ihr künstlerisches Schaffen indes nicht: Da die Würste, zum Beispiel in den Theken qualitätsbewusster freier Edeka-Händler, auch in Konkurrenz mit den industriellen Produkten der großen Hersteller stehen, sind sie, nicht anders als im eigenen Webshop, überraschend preiswert. Denn erst mal sieht man den Quast'schen Schöpfungen die besondere Qualität ja gar nicht an: Sie sehen so aus, wie Würste halt aussehen – und so ist es meist Mutter Agnes, die als unermüdliche Markenbotschafterin keine Mühe scheut, den Menschen die frohe Kunde von der letzten handwerklichen Räucherei im Alten Land immer wieder genussvoll aufs Brot zu schmieren.

John Quast, Jahrgang 1953: „Wir waren eigentlich immer schon Fleischer im Alten Land – die Familientradition können wir bis 1612 zurückverfolgen. Der Betrieb in Neuenfelde geht zurück auf meinen Urgroßvater August Quast, der als jüngstes von fünf Kindern den elterlichen Betrieb in Cranz nicht übernehmen konnte und dann 1884 hierhergekommen ist. Hier hat er den konkursgegangenen Schlachterbetrieb Oben übernommen. Alle seine Brüder haben sich auch als Fleischer selbständig gemacht. Ich wurde gar nicht erst gefragt, ob ich den Betrieb weiterführen will – das war selbstverständlich. Nach der Hauptschule in die Schlachterlehre, die ich dann als Zweiter Landessieger abgeschlossen habe – und auf ging's!"

Agnes Quast, Jahrgang 1954: „Einfacher ist es nicht geworden in den letzten Jahrzehnten – mein Schwiegervater würde im Grabe rotieren, wenn er sehen würde, wie wir heute trommeln müssen, damit die Leute die Qualität begreifen. Aber es macht trotzdem Spaß – wer einmal den Unterschied geschmeckt hat, bleibt uns auch treu! Der Markt hat sich allerdings total verändert. Früher waren unsere Hauptkunden Schlachter und kleine Lebensmittel- und Feinkostläden in Hamburg. Davon gab es mal etwa 1600, heute kaum noch welche. Sehr wichtig für uns sind inzwischen zum Beispiel die freien Edeka-Kaufleute, von denen ja viele zum Glück sehr qualitätsbewusst sind. Hier finden wir vermehrt das Verständnis vor, das wir brauchen. An Bedeutung gewinnt auch unser Internetshop, den unsere Tochter Désirée betreut."

Das herbe Elbklima mit seiner hohen Luftfeuchtigkeit bietet unvergleichliche Voraussetzungen für die Erzeugung besonderer Wurst- und Schinkenspezialitäten.

Jan-Eric Quast, Jahrgang 1988: „Ich bin sehr stolz auf unsere Familientradition und führe sie aus freien Stücken fort. Nach Abi und Bund habe ich in einem dualen Studium gleichzeitig BWL studiert, Schlachter gelernt und dann auch noch meinen Meister gemacht. Das war eine ziemliche Schinderei mit 16-Stunden-Tagen und Sieben-Tage-Woche. Ich finde es wichtig, dass man das Handwerk perfekt beherrscht, auch wenn wir nicht selbst schlachten. Das übernehmen zwei sehr gute Zerlegebetriebe für uns, und wir wissen genau, wo unsere Tiere herkommen. Ein Computer kann die Reife der Wurst nie erfassen – das ist Gefühlssache. Deshalb räuchern wir bis heute manuell. Wenn ich mal den Kopf frei habe, entwickle ich neue Produkte wie unsere legendäre Fenchelmettwurst – es geht also immer weiter!"

Salami-Carpaccio mit Paprika-Concassée

Zutaten für 4 Personen als Vorspeise

- 2 El Pinienkerne
- 1 rote und gelbe Paprikaschote
- 1 Schalotte
- 1 El Weißwein-Essig/Balsamico
- Salz und Pfeffer
- 1 El + 2 Tl Olivenöl
- 1 Handvoll Rucola (etwa 50 g)
- 150 g hauchdünne Quast-Fenchelsalami (oder Salami)
- Parmesan

Pinienkerne ohne Fett in einer Pfanne rösten.

Paprika und Schalotte sehr fein würfeln. Für die Vinaigrette Weinessig, Salz und Pfeffer verrühren. 1 El Öl darunterschlagen. Mit der Paprika und der Schalotte mischen.

Rucola waschen, trockenschütteln. Salami kreisförmig auf vier Tellern anrichten. Mit Balsamico und dem Rest Öl beträufeln. Concassée in die Mitte geben. Alles mit Pinienkernen bestreuen. Parmesan darüberhobeln.

Dazu schmeckt Baguette oder Ciabatta.

Oliver Wesseloh

Der wahre Craftbier-Pionier

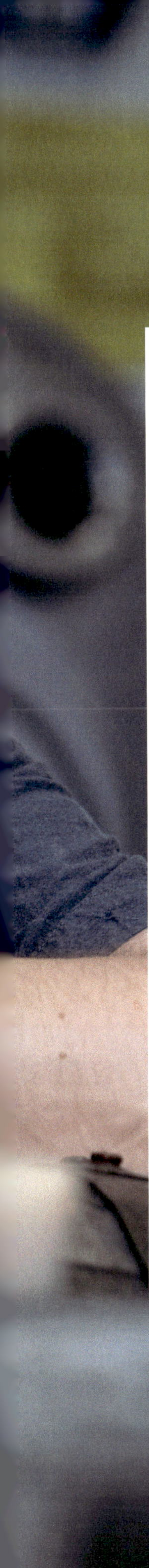

Wenn man Oliver Wesseloh als Craftbeer-Brauer tituliert, zuckt der gute Mann erst mal zusammen: Zu abgerockt ist mittlerweile diese Bezeichnung, seit im Zeitalter von Mengenschwund und Margendruck fast jede maximal mittelmäßige Großbrauerei versucht, auf diesen Zug aufzuspringen und Handgemachtes simulierende Biere auf den Markt zu werfen. Wer hingegen das Echte, Rechte, Wahre und Klare sucht und dem Prozess tatsächlich handwerklicher, auf höchstem qualitativem und kreativem Niveau stattfindender Braukunst beiwohnen möchte, dem sei ein Ausflug ins verwunschene Hamburg-Sinstorf empfohlen. Dort siedelt in schlichtem Ambiente die Kehrwieder Kreativbrauerei, gerade zum fünften Mal in Folge als Hamburgs beste ihrer Art geadelt.

Auch etliche Jahre nach der Gründung haftet dem Betrieb der Charme des Improvisierten an: Oliver Wesseloh hat sich mangels üppiger Eigenkapitaldecke seine Brauanlage aus ausgedienten Milchtanks zusammengeschweißt. Und wenn das Bier in Flaschen gefüllt wird, tuckert eine altwehrwürdige ehemalige Weinabfüllanlage aus den Fünfzigerjahren gemütlich vor sich hin. Aber die Brauerzeugnisse, die hier in Kleinstauflagen entstehen, sind allerfeinste Craftbier-Kunst. Kein Wunder: Wohl kein anderer Akteur in der seit einigen Jahren erblühenden Craft- oder, wie der wackere Brauer zu sagen beliebt, Kreativbier-Szene kann auf so ein profundes Wissen und üppiges Know-how zurückgreifen wie Oliver Wesseloh.

Der Mann ist nicht nur ein nimmermüder Tüftler und Kreateur – er hat lange Jahre Brauwesen studiert, weltweit Brauereien gebaut und sich schon Anfang der 2000er von der damals aufstrebenden US-Craftbeer-Szene inspirieren lassen. So hat Wesseloh als Erster in Deutschland erkannt, dass eine bestimmte Hefe, die Malzzucker nicht in Alkohol umwandelt, sich vorzüglich eignet, um daraus ein alkoholfreies Bier in einer bis dahin unerreichten Leckerheit und Geschmacksfülle zu brauen – das daraus entstandene unfiltrierte India Pale Ale üNN (= über Normalnull) ist denn auch ein Verkaufshit der kleinen Kreativbrauerei.

Auch bei etlichen anderen Sorten musste ich meine Vorurteile über Craftbiere (immer dunkel, süß, schwer und mästig) über Bord werfen: So wird der „Frische Traum“ aus frischem, unbehandeltem und ungetrocknetem Biohopfen direkt nach der Ernte als Bio Wet Hop (Nasser Hopfen) Pale Ale gebraut und schmeckt ausgesprochen pilsmäßig – mit einem grandiosen Zusatzschuss vibrierender Lebendigkeit. Das wie alle Sorten unfiltrierte und unpasteurisierte „Prototyp“, erstes Produkt des brillanten Braumeisters, ist ebenfalls ausgesprochen fruchtig-frisch und kann auch Mitglieder der Jever-Fraktion überzeugen.

Natürlich finden sich unter den geschmacklich völlig eigenständigen zwanzig Biersorten auf der von Olivers Frau Julia, einer gelernten Fotografin und Journalistin, brillant getexteten Website auch dunkle, schwere Kracher, teils in alten Whiskyfässern gereift, teils mit Kaffeebohnen versetzt. Der gleichermaßen freundliche wie kommunikative Oliver Wesseloh versteht es überdies vorzüglich, sein Wissen unterhaltsam zu vermitteln – und so sind seine regelmäßig durchgeführten Brauereibesichtigungen mit Bierproben im Raum Hamburg wohl der spannendste Weg, sich die vielseitige Welt der Craft-, äääh, Kreativbiere zu erschließen.

Oliver Wesseloh: „Geboren wurde ich 1973 in Harburg und wusste schon nach der zehnten Klasse, was ich wollte. Ausschlaggebend war ein Schüleraustausch mit Kanada, wo das Bier so grottig und das Image der Deutschen als Bierbrauernation so brillant war, dass ich dachte: ‚Da geh ich mal hin und braue gutes Bier!'

Nach Abi und Braupraktikum bei Gröninger bin ich nach Berlin und habe geschlagene fünf Jahre Brauwesen mit einem Abschluss als Dipl.-Ing. studiert. Nach zwei eher langweiligen Jobstationen stieß ich über eine Anzeige auf einen Anlagenbauer, der weltweit Brauereien baut und betreibt. Die haben mich dann in eine Brauerei auf die Karibikinsel Dominica geschickt. Die nächste Station waren die Cayman-Inseln, wo ich eine Brauerei errichtet und anschließend geleitet habe. 2009 verschlug es uns – meine Frau war immer dabei, unsere zwei Kinder derweil geboren – nach Miami, von wo aus ich für einen Anlagenbauer in den ganzen USA unterwegs war und dadurch drei Jahre lang die überaus lebendige und innovative dortige Craftbeer-Szene kennengelernt habe. Für mein großes Vorbild Sierra Nevada durfte ich sogar deren neue Brauerei konstruieren und errichten. Schon damals wusste ich: ‚Ich will mal mein eigenes Bier brauen!'

Da es für die Kids in Richtung Schulpflicht ging, schauten wir um 2011 mal rum, was sich denn in Deutschlands Craftbier-Szene so tat. Ergebnis: Ein paar schüchterne Ansätze in Berlin, ansonsten: Fehlanzeige! So gingen wir zurück und legten im Sommer 2012 mit unserem Kehrwieder-Projekt los. Das erste Bier habe ich bei Freunden in Dänemark gebraut, die eine Abfüllmöglichkeit für Kleinstmengen hatten. Dieser als Experimentierbier gedachte Prototyp war allerdings so gut, dass er bis heute unter diesem Namen im Programm ist.

Unsere Brauerei habe ich mit einfachsten Mitteln und viel Improvisation konstruiert. Parallel habe ich eine Ausbildung als Biersommelier gemacht, bin 2013 ohne jede Erwartung zur Weltmeisterschaft nach München geflogen und völlig überraschend als Biersommelier-Champion wieder nach Hause gekommen. Das war echt gut fürs Image – und danach habe ich den deutschen Weinsommelier-Weltmeister 2019, Marc Almert, zum Thema Bier gecoacht.

In Hamburg bin ich klassisch Klinken putzen gegangen, um unsere Biere in Handel und Gastronomie zu platzieren. Aber wir haben von Anfang an bei den wichtigen Wettbewerben abgeräumt und erhalten laufend Auszeichnungen und Goldmedaillen. Hilft auch. Sieben Biere haben wir fest im Sortiment, dazu kommen zehn saisonale Biere und immer wieder Raritäten, Spezialitäten und limitierte Editionen. Aber die Bierwelt ist so unfassbar vielfältig, dass mir in den nächsten Jahrzehnten die Ideen nicht ausgehen werden!"

Wohl kein anderer Akteur in der seit einigen Jahren erblühenden Craft- oder, wie der wackere Brauer zu sagen beliebt, Kreativbier-Szene kann auf so ein profundes Wissen und üppiges Know-how zurückgreifen wie Oliver Wesseloh.

KEHRWIEDER!
kreativbrauerei.hamburg

Treberbrot

200 g Biertreber

2,5 kg Mehl

3 Tl Salz

½ Würfel Frischhefe

250 ml Bier oder Mineralwasser

Biertreber, Mehl und Salz in einer Schüssel vermengen, die Hefe hineinbröseln. Anschließend das Bier (oder Mineralwasser) hinzugeben. Kräftig durchkneten, bis der Teig glatt ist. Den Teig in einer Schüssel mit einem Küchentuch abdecken und eine Stunde an einem warmen Ort gehen lassen.

Den Backofen auf 220 Grad vorheizen.

Den Brotteig in eine gefettete Kastenform geben oder zu einem Brotlaib formen. Verfeinert werden kann das Brot, indem man Nüsse, Schinken oder geröstete Zwiebeln hinzugibt.

Eine Dreiviertelstunde bis Stunde backen, bis die Kruste goldbraun ist. Wenn man eine hitzefeste Schale mit Wasser mit in den Backofen stellt, wird die Kruste besonders knusprig.

Ulrich Carroux

Röstkunst, schlicht perfekt

Als Ulrich Carroux kurz vor der Jahrtausendwende sein Augenmerk auf die Kaffeekultur lenkte, lag diese in Deutschland völlig am Boden. Die großen Industrieröster lieferten sich einen Preiskampf bis aufs Messer, die Qualitäten waren im Sinkflug, und kaum jemand interessierte sich auf Produktionsseite dafür, Gutes zu kreieren. 1998 betrieb Carroux neben seinem Architekturstudium einen Pizzaservice in Fischerhude. Da er dort tagsüber öfters mal Leerlauf hatte, ersann er die Idee, diese Zeit mit Kaffeerösten auszufüllen.

Zu diesem Behufe begab er sich auf die Suche nach einem Röstgerät. Nach einer Suchanzeige beim Deutschen Kaffeeverband bekam er genau zwei Faxangebote – aber eines davon war der berühmte 5-KG-Probat-Röster: ein großartiger Fünf-Kilo-Trommelröster von 1957, noch am selbigen Tage abzuholen aus dem Keller einer Ottenser Rösterei und dem hoffnungsvollen Nachwuchsröster zum Schnäppchenpreis von 1500 D-Mark überlassen. Als Carroux beim Hersteller anrief und zaghaft anfragte, ob es denn über vierzig Jahre nach der Produktion noch Ersatzteile gebe, erhielt er zu seiner Verblüffung die Antwort: „Klar, aber heute gehen die nicht mehr raus!" Nun musste nur noch der passende Kaffee her.

Für die Beschaffung der Rohware fuhr er nach Bremen und sprach bei einigen Rohkaffeeimporteuren vor. Einer davon nahm ihn unter seine Fittiche, bestätigte ihn darin, dass es die richtige Entscheidung sei, mit einem neuen und hohen Qualitätsanspruch in den Kaffeemarkt einzusteigen, und lieferte ihm Kleinstmengen Rohkaffee zum Tüfteln und Experimentieren. Eine vorausschauende Entscheidung: Bis heute ist der einstige Mentor exklusiver Lieferant von Carroux-Kaffee. Und so begann die Zeit des Ausprobierens – bis am Ende der perfekte Espresso dabei herauskam.

Zuerst akquirierte der hoffnungsvolle Nachwuchsröster in Hamburg Gastronomiekunden, bis ihm ein Freund den Floh ins Ohr setzte: „Du brauchst eine eigene Cafébar, wo du zeigen kannst, wie gut dein Kaffee ist!" So mietete der Barista in spe im Jahr 2000 den Laden in der Blankeneser Elbchaussee. Für den betagten Trommelröster war das übrigens ein Wiedersehen mit der alten Heimat, denn der hatte als hoffnungsvolles Neugerät in der damaligen Rösterei Bielenberg in Blankenese seine Laufbahn begonnen.

Während heutzutage Kaffee groß in Mode ist und die stylishen Coffeshops sich mit den absurdesten Aufschäum- und Aromatisierungsvarianten sowie einer unübersichtlichen Sortenvielfalt gegenseitig überbieten, ist das Carroux in Blankenese geblieben, was es von Beginn an war: eine schlicht möblierte Cafébar in bester italienischer Tradition – Carroux' großes Vorbild ist die Rösterei Illy –, wo eine Espressosorte im Mittelpunkt steht, die für den Ladenverkauf zwei- bis dreimal die Woche frisch vor Ort geröstet wird. Für den Großhandel und Versand röstet ein Zulieferer streng nach Carroux' Vorgaben und aus seinen Bohnen. Im Ausschank gibt es Espresso, Americano, Crema, Cappuccino, Latte macchiato, dazu noch ein Croissant, eine Rosinenschnecke oder morgens ein belegtes Brötchen – basta.

Der Espresso ist übrigens so gut, dass er seit etwa 2005, als ich ihn erstmals probierte, daheim trotz zahlreicher Fremdgehversuche die Pole-Position behauptet. Entsprechend sensationell ist er natürlich direkt vor Ort, frisch geröstet und nach allen Regeln der Kunst bereitet. Im Café kann man für zu Hause auch noch drei hochklassige, überaus abwechslungsreiche Filterkaffeesorten mit regionaler Herkunft erwerben. Das war's – und das reicht auch.

Das Carroux in Blankenese ist geblieben, was es von Beginn an war: eine schlicht möblierte Cafébar in bester italienischer Tradition.

Ulrich Carroux: „Ich stamme aus Bremen, wo ich 1968 das Licht der Welt erblickte. Mein Vater war dort Fotograf und hat viel für Jacobs und für Kaffee HAG gearbeitet. Aus der Zeit habe ich noch ein paar tolle Aufnahmen, die jetzt bei mir im Laden hängen. Aufgewachsen bin ich in Fischerhude, wo ich als 14-Jähriger auf dem Marktplatz erstmals Kaffee aus einer French Press verkauft habe.

Nach dem Abi machte ich zunächst mal eine Tischlerlehre – als Basis für das spätere Architekturstudium. Aus dieser Zeit ist mir eine ausgesprochen handwerkliche Herangehensweise erhalten geblieben – was mir bei der Rösterei natürlich zugutekommt. Nach der Lehre habe ich ein Architekturstudium in Hamburg begonnen, aber nebenher immer alles Mögliche gemacht. So auch den Pizzaservice, wo ja meine ersten Röstversuche starteten. Anfangs habe ich mit allen wichtigen Rohkaffee-Provenienzen experimentiert und meine Freunde, Familie und Kommilitonen mehr oder weniger gezwungen, die Ergebnisse zu probieren. Als ich die perfekte Balance gefunden hatte, begann ich, in der Gastronomie zu akquirieren.

Das Mischungsverhältnis und die Herkunftsländer der Rohkaffees sind übrigens seit 1998 gleich geblieben. Nachdem ich 2000 den Laden in Blankenese gefunden, das Stammhaus aufgemacht und mein Architekturstudium an den Nagel gehängt hatte, entdeckten uns nach und nach einige qualitätsverliebte Hamburger Gastronomen. Einer der wichtigsten Helfer der Aufbaujahre war damals Christian Rach mit seinen Läden wie Tafelhaus und Café Engel. Warum ich immer bei der einen Espressosorte geblieben bin? Ich finde, die Welt ist kompliziert genug. Und ich kann nur eine Mischung, und zwar meine eigene, jeden Tag trinken und als Qualitätskontrolle in Echtzeit probieren.

Ob Wein, Bier, Food: Überall wird aus dem Genuss eine Wissenschaft gemacht. Kaffee ist aber keine Wissenschaft – Kaffee ist ein Geschmack! Ich achte halt darauf, dass wir die hochwertigsten Bohnen bekommen, die der Markt hergibt, habe die Mischung so ausgefeilt, dass ich auch Jahrgangsschwankungen beim Rohkaffee ausgleichen und das Geschmacksbild konstant halten kann, wir rösten traditionell langsam und bei niedrigen Temperaturen – und dann kommt eben so ein Produkt dabei heraus. Wichtig ist vor allem auch extreme Frische, die wir durch kleine Chargen und zeitnahe Produktion gewährleisten. Die meisten Kaffees im Handel sind viel zu alt. Deswegen gibt's die Filterkaffeesorten auch nur frisch geröstet im Laden – die sind noch viel empfindlicher als der etwas robustere Espresso."

Klassisches lauwarmes Pesto

Zutaten

1 Bund Basilikum

100 ml gutes Olivenöl

100 g Parmesan

80 g Pinienkerne

schwarzer Pfeffer

1 Prise Salz

Etwa 100 ml gutes Olivenöl in den Standmixer geben. Von dem Basilikum nur die satten dunkelgrünen Blätter nehmen (keine Stiele oder die kleinen hellgrünen Blätter, sonst schmeckt es bitter), reichlich frisch gemahlenen schwarzen Pfeffer und ein wenig Salz auf das Olivenöl geben und alles gut durchmixen.

Etwa 100 g grob geriebenen oder gehobelten Parmesan auf die Mischung geben und mit dem Mixer in kurzen Intervallen vermixen.

Die Pinienkerne in der Pfanne anrösten und dabei darauf achten, dass sie für eine gleichmäßige Bräunung ständig bewegt werden. Ein kräftiger nussbrauner Farbton sorgt für ein volles Aroma.

Nach kurzem Abkühlen die noch warmen Pinienkerne in den Mixer geben und in kurzen Intervallen vermixen, so dass die Kerne nur grob zerhackt werden (kein Püree mixen, das ist nicht lecker).

Das Pesto noch warm auf die Pasta oder auf frisches Brot geben.

Tipp: Nicht auf Vorrat produzieren, das Pesto schmeckt nur warm und frisch richtig lecker. Wie stets sorgen beste Zutaten für besseren Geschmack.

Frank Brüdigam

Ein Hüne kocht Wohlfühlküche

Wer einen bärtigen, schirmbemützten Hünen, gemütlich seine Zigarre schmauchend, vor wahlweise einem seiner beiden Lokale sitzen und freundlich mit den Gästen parlieren sieht, hat schon mal einen ersten Eindruck vom Patron: Frank Brüdigam, die gute Seele, der mit Liebe und Leidenschaft seine Gäste bekocht und verwöhnt. Das hat ihn seit 2011 zu einer Institution im beschaulichen Eimsbüttel werden lassen. Die Einrichtung ist ein sympathischer, leicht wuseliger Stilmix mit zahlreichen raren Stücken aus der Brüdigam'schen Privatmöbelsammlung aus allen Designepochen, die er zum größten Teil auf Antik- und Trödelmärkten während seiner Reisen erstanden hat.

Die häufig wechselnde Speisekarte in Hamburg ist klein, setzt auf regionale und saisonale Produkte und steht für eine gemütliche, hoch aromatische Wohlfühlküche: Die Portionen sind anständig, die Saucen intensiv, die – selten so gut anzutreffenden – Schmorgerichte saftig, die verwendeten Zutaten qualitativ hochwertig. Und auch das Preisgefüge ist im wahrsten Sinne des Wortes so gastfreundlich kalkuliert, dass mittags wie abends im Schmorparadies zwischen Hunderten von Kochbüchern eine Reservierung stets angeraten erscheint. Da könnte sich also einer entspannt zurücklehnen und sich des Erfolges freuen – sollte man meinen. Aber da Frank Brüdigam ein nimmermüder kreativer Kopf ist, hielt er, nachdem er sich in Eimsbüttel so gut etabliert hatte und sich auf seine Küchenchefin Julia Loch voll und ganz verlassen kann, nach neuen Herausforderungen Ausschau.

Sein zweites Projekt heißt „Brüdigams Wildwechsel" und befindet sich in einer der unterschätztesten Touri-Regionen Norddeutschlands: dem landschaftlich ausgesprochen reizvollen, mit Fahrradrouten vorbildlich erschlossenen Kreis Steinburg unweit von Itzehoe im beschaulichen Weiler Kaaks. Zum Wildwechsel kam Frank Brüdigam buchstäblich wie die Jungfrau zum Kinde: Die Bürger der sehr lebendigen Gemeinde Kaaks betrauerten wie so viele Leidensgenossen im ländlichen Raum das Ableben ihres langjährigen Dorfgasthauses. Und sie taten was dagegen: Bürgermeister und Gemeinderat entschlossen sich, selbst ordentlich Geld in die Hand zu nehmen, zusätzlich EU-Fördermittel einzuwerben und sich auf die Suche nach einem Gastronomen zu begeben, der den beschaulich am Waldesrande gelegenen Räumlichkeiten neues Leben einhauchen könnte. Eine Ex-Kaakserin, die derweil in Hamburg siedelt, kannte Frank Brüdigam und dachte sich: „Das könnte passen!"

Der Rest ist Geschichte: Eine Delegation aus Kaaks kam nach Hamburg, war vom Essen im Brüdigams erwartungsgemäß begeistert und kontaktierte den wahrhaft wacker wirkenden Wirt. Dieser machte sich samt seiner Lebensgefährtin Barbara Oechsle auf nach Kaaks, man beschnupperte sich, war sich sympathisch und ging gemeinsam ans Werk. 2017 war es dann so weit: Brüdigams Wildwechsel, wunderschön renoviert, ein bisschen schräg mit vielen Unikaten aus dem Brüdigam'schen Kuriositätenfundus ausstaffiert und überdies mit geschmackvoll eingerichteten Fremdenzimmern gesegnet, öffnete seine Pforten. Von Beginn an wurde der Laden, auch dank der begnadeten Küche und des freundlichen, offenen Wesens der Gastgeber, in der Region begeistert angenommen und ist heute genau das, was sich die Kaakser erhofft hatten: Dreh- und Angelpunkt des Gemeindelebens und ein Ort mit kulinarischer Strahlkraft weit über die Grenzen der Region hinaus. Sieht man auf die Ursprünge des Maestros, hatte er es hierher eigentlich nicht weit:

Frank Brüdigam: „Geboren wurde ich 1967 in Lübeck, kurz danach zogen wir an die Ostsee. Da mir schon als Kind klar war, dass ich Koch werden wollte, absolvierte ich nach der mittleren Reife eine harte, aber sehr profunde Kochausbildung im Seehof in Sierksdorf. Schon damals warnte mich unser Patron, Herr Kallmorgen, und sagte: ‚Frank, du wirst immer dann arbeiten müssen, wenn deine Freunde frei haben.' Aber das war mir da schon längst bewusst.

Danach riss ich beim Bund als Smutje an Bord eines Marinekreuzers 40.000 Seemeilen in einem Jahr ab und lernte als behütetes Bürgerkind (mein Vater war Uhrmachermeister) viel über verschiedene soziale Schichten und strenge hierarchische Gefüge – für die Gastronomie ausgesprochen nützlich. Da ich immer schon in die Welt hinauswollte, bewarb ich mich anschließend erfolgreich beim Kensington Park Hotel in London, wo ich ein Jahr blieb. Zurück in Hamburg, absolvierte ich zwei Jahre die Hotelfachschule, um anschließend festzustellen: ‚Kochen ist und bleibt mein Ding!' Das gilt übrigens auch für meine Küchenchefin in Hamburg, die ebenfalls nach der Hotelfachschule an den Herd zurückkehrte und im Brüdigams mit der gleichen Leidenschaft kocht wie ich.

Kurz nach der Hotelfachschule, ich dachte, ich wäre der Allergrößte, bin ich mit 23 in ein Café in Eppendorf eingestiegen und mit dieser Selbständigkeit voll auf die Nase gefallen. Nach einigen weiteren Stationen landete ich dann um 1990 im damaligen Rindchen's Weinkontor in der City Nord. Das war eine spannende Zeit: Die ganze damalige SAT 1-Prominenz gab sich dort mittags ein Stelldichein (Dieter Kronzucker nahm *immer* einen kleinen Antipasti-Teller und ein Glas Trebbiano), und die Angestellten, Sekretärinnen und Führungskräfte von Esso, Shell oder Siemens Haushaltsgeräte tummelten sich am Tresen oder auf der Terrasse.

Nach weiteren Wanderjahren, die mich unter anderem in die Alte Weinstube nach Sasel, die Weite Welt auf St. Pauli, den Tresor am Nobistor, das Anno 1900 in Altona und dann in den Deichgraf in der Deichstraße führten, ging ich 1997 als Küchenchef ins Kampnagel Casino. Dort blieb ich – mit einer Unterbrechung auf einem Château in Bordeaux – 14 Jahre lang, bis mir 2011 das heutige Brüdigams angeboten wurde und ich mich entschied, den Traum von der Selbständigkeit erneut in die Tat umzusetzen. Und toi, toi, toi, der zweite Anlauf hat gut geklappt! Nachdem sich das Brüdigams erfolgreich etabliert hat, bin ich jetzt richtig happy mit der neuen, megaspannenden Aufgabe in Kaaks. In beiden Läden ist es mein tiefstes, innerstes Anliegen, die Gäste einfach glücklich zu machen. Das spüren sie. Und sie danken es mir."

Da könnte sich also einer entspannt zurücklehnen und sich des Erfolges freuen – sollte man meinen. Aber da Frank Brüdigam ein nimmermüder kreativer Kopf ist, hielt er nach neuen Herausforderungen Ausschau.

Markknochen mit geröstetem Sauerteigbrot und Petersilien-Kapern-Salat

Zutaten für 4 Personen

4 große Kalbsmarkknochen, etwa 8–10 cm hoch

4 Scheiben Sauerteigbrot

1 Bund glatte Petersilie

1 El Zitronensaft

3 El Olivenöl

12 halbierte Kapernäpfel

Polnisches Ursalz

Markknochen drei- bis viermal in Salzwasser etwa drei Minuten blanchieren und in Eiswasser abschrecken. Die Blätter der Petersilie abzupfen und mit dem Zitronensaft, Olivenöl, einer Prise Salz und Kapernäpfeln vermengen. Die vier Brotscheiben im Toaster toasten.

Das geröstete Sauerteigbrot und den warmen Markknochen auf einen Teller legen und den Petersilien-Kapern-Salat darauf drapieren.

Detlef Möllgaard

Ein „Winzer des Nordens"

Wer die gesamte Vielfalt der handwerklich arbeitenden, schleswig-holsteinischen Käsereien erleben möchte, hat dafür zwei Möglichkeiten: Er plant eine mehrtägige Reise durch das schöne Bundesland an Nord- und Ostseeküste. Oder er steuert das beschauliche Hohenlockstedt unweit von Itzehoe an. Hier residiert der Meierhof Möllgaard. Detlef Möllgaard und seine Tochter Kirsten sind so etwas wie die Hohepriester der Käsevielfalt im nördlichsten Bundesland.

Rund dreißig kleine Hofkäsereien und handwerklich arbeitende Meiereigenossenschaften haben sich in der „Käsestraße Schleswig-Holstein" zusammengefunden – und ihr gesamtes Produktionsspektrum, stolze neunzig Käsesorten, kann man auch im Hohenlockstedter Hofladen des Meierhofs erstehen. Dabei erfüllt der Meierhof gleich mehrere Funktionen. So fungiert er für das regionale Käsehandwerk auch als Großhandel: Alle 14 Tage klappern Möllgaards die Käsereien des Landes ab, versorgen ihren eigenen Meierhof-Laden und beliefern überdies beispielsweise das Bartels-und-Langness-Zentrallager. Diese ausgesprochen qualitätsorientierte schleswig-holsteinische Handels- und Lebensmittelholding legt viel Wert auf Regionalität und vermarktet ungefähr 25 der regionalen Käsesorten in ihren Famila- und Markant-Supermärkten im Norden.

Darüber hinaus agiert der Meierhof als Direktvermarkter und Schaukäserei: Aus frischer Milch von der Hohenlockstedter Milchtankstelle wird hier die Milch in einen sehr milden, mozzarellaartigen Frischkäse verwandelt. So können interessierte Gäste live miterleben, wie aus der Milch Frischkäse entsteht – und sich hinterher bei einem üppigen Imbiss mit Käsebrötchen und Kaffee durch die vielfältige schleswig-holsteinische Käsewelt schlemmen. In Zusammenarbeit mit einem rheinhessischen Winzer und norddeutschen Weinhändlern werden überdies „Käse-und-Wein"-Abende angeboten, wo zur Käseprobe die passenden Gewächse gereicht werden. Dabei ist es den Möllgaards wichtig, mit den Preisen auf dem Teppich zu bleiben, um möglichst viele Menschen zu gutem Regionalkäse zu bekehren: Das Schaukäsen mit Imbiss kostet zwanzig, der Käse-und-Wein-Abend moderate 22 Euro – zwei Angebote, die vor allem Hamburger Busunternehmen rege für ihre Gäste nutzen.

Zudem haben die rastlosen Möllgaards mit EU-Fördermitteln und befreundeten Partnern den Ort Hohenlockstedt zum Ausflugsziel entwickelt. Neben ihrer Meierei locken hier heute ein Kartoffelfest, ein Premium-Schlachter, eine Fischerei mit Räucherei und mehrere ambitionierte Gastronomiebetriebe die genussfreudigen Mitbürger ins grüne Herz Schleswig-Holsteins. Damit auch ja keine Langeweile aufkommt (Detlef Möllgaard samt Tochter Kirsten kommen in der Saison gut und gern mal auf Sieben-Tage-Achtzig-Stunden-Wochen), bespielen die Käse-Botschafter mit ihrem Verkaufswagen auch noch Veranstaltungen wie die NDR-Landpartie, den Nieheimer Käsemarkt, den Slow-Food-Käsemarkt des Nordens oder einige Weihnachtsmärkte. Last but not least: Auch die benachbarten Wackener Heavy-Metal-Kulturtage wären mittlerweile ohne eine fürsorgliche Meierhof'sche Käsespieß-Grundversorgung der Festivalbesucher undenkbar.

Detlef Möllgaard: „Geboren wurde ich 1943 im nordfriesischen Dörpum auf einem Milchbauernhof. Nach der Schule habe ich dann 1959 eine Meiereilehre in Bredstedt gemacht und anschließend Groß- und Außenhandelskaufmann bei einer landwirtschaftlichen Genossenschaft in Husum gelernt. Nach der Bundeswehr und weiteren Stationen bei kleineren Meiereigenossenschaften studierte ich von 1967 bis 1970 in Hannover und schloss als Diplomingenieur für Milchwirtschaft ab. In Lübeck konnte ich anschließend bei der damaligen Hansa-Milch die Marke Hansano mit aufbauen, habe später siebzehn Jahre den Meierei-Frischdienst Schleswig-Holstein geführt und ab 1992 die Meiereizentrale Gut von Holstein geleitet.

Den Möllgaards ist es wichtig, mit den Preisen auf dem Teppich zu bleiben, um möglichst viele Menschen zu gutem Regionalkäse zu bekehren.

Im Grunde genommen war ich bis 1998 überwiegend im industriellen Sektor unterwegs: Zwei Drittel der schleswig-holsteinischen Milchprodukte und Käse müssen schließlich über die Landesgrenzen hinaus exportiert werden. Da dominiert natürlich die Großproduktion: Foliengereifter Käse mit einem einheitlichen industriellen Geschmacksbild, den man sowohl nach Russland als auch nach Kanada verkaufen kann. Richtige Geschmacksunterschiede und individuelle Ausprägungen entwickelt aber ausschließlich Käse mit Naturrinde, weil da die Kellerflora mit gezielten Bakterien- und Schimmelpilzkulturen ihren Einfluss entfalten kann.

1959, als ich anfing, gab es noch 450 genossenschaftliche Meiereien in Schleswig-Holstein, 1998 weniger als 15. Mein ‚Erweckungserlebnis' hatte ich dann im Mai 1998 beim ersten Slow-Food-Käsemarkt des Nordens im Freilichtmuseum am Kiekeberg, initiiert von Burchard Bösche und Lothar Tubbesing. Da stand ich nun mit meinen fünf Gut-von-Holstein-Käsereien zusammen mit 15 kleinen privaten Hofkäsereien. Die waren zum Teil von Bäuerinnen gegründet worden, um ihren Feriengästen etwas Besonderes bieten zu können. Wir industriell Vorgebildeten waren ja geschmacklich und produktionsseitig ziemlich eingefahren, und ich war schwerst beeindruckt, was diese Seiteneinsteigerinnen und -einsteiger da, teilweise auch in Demeter-Qualität, schon Großartiges zu bieten hatten.

Der absolute Schlüsselsatz für mich stammte auch von Burchard Bösche: ‚Ihr Käser seid die Winzer des Nordens!' Aus all diesen Überlegungen und Eindrücken heraus haben wir die Käsestraße Schleswig-Holstein ins Leben gerufen. Burchard Bösche ist damals mit seiner Frau Anne Moderegger alle Käsereien in Schleswig-Holstein abgefahren und hat alle zum Mitmachen motiviert. Am Neujahrstag 2000, pünktlich zu Beginn des neuen Jahrtausends, haben wir dann den Meierhof Möllgaard in Hohenlockstedt gegründet, den wir auch heute noch mit großer Freude führen – auch wenn es verdammt viel Zeit kostet."

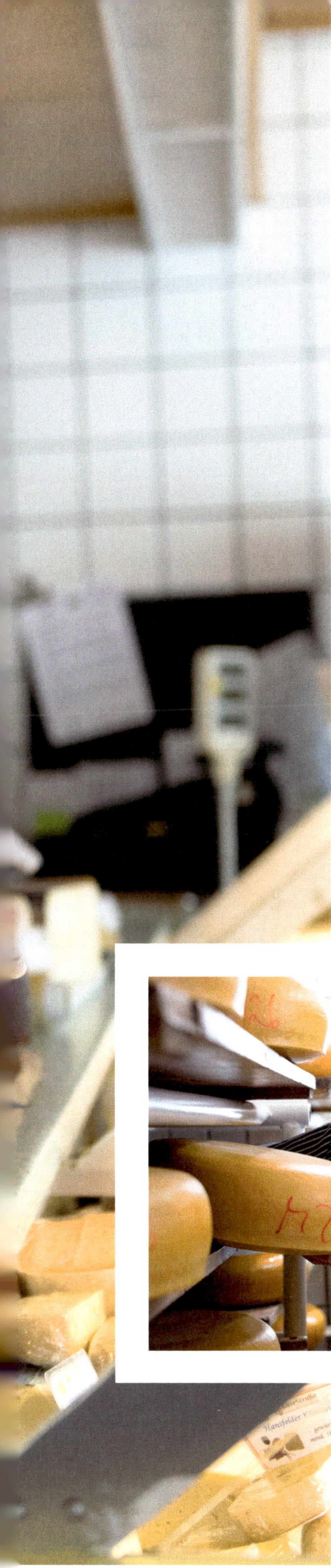

Käsestraßensalat

Zutaten für 4 Personen

400 g Steinburger „Heavy Metal Cheese"

120 g blaue Weintrauben

1 Apfel

1 Lauchzwiebel

70 g Walnusskerne

Marinade

6 El Walnussöl

2 El Obstessig

2 Tl körniger Senf

Salz, Pfeffer und Zucker

Den Steinburger „Heavy Metal Cheese" und die Lauchzwiebel in kleine Würfel schneiden, Marinade anrühren, dazugeben und alles eine Nacht ziehen lassen.

Am nächsten Tag die Weintrauben entkernen, halbieren und dazugeben. Apfel in kleine Würfel schneiden, die Walnusskerne zerkleinern und unterrühren. Wegen der Optik möglichst frisch servieren!

Christof Eichel

Null Convenience und keine Kompromisse

Wie nahezu alle traditionellen Genusshandwerke in Deutschland ist auch die Welt der Konditoreien von einem schleichenden „Artensterben" bedroht. Während es früher in Groß- und Kleinstädten völlig selbstverständlich war, dass man „seine Konditorei" um die Ecke hatte, dominieren mittlerweile immer mehr zum Großteil recht seelenlose Backketten das Geschehen. Und leider macht sich das meistens auch geschmacklich bemerkbar. Allzu oft merkt man den Produkten an, dass sie im zumindest semi-industriellen Maßstab hergestellt werden und dass für ihre Produktion das ganze schillernde Spektrum der zur Verfügung stehenden Hilfsmittel Verwendung findet.

Um so erstaunter war der gemeine Eimsbütteler, als 2005 urplötzlich eine kettenunabhängige, funkelnagelneue Konditorei im Stadtteil eröffnete. Und noch erstaunter waren die Schleckermäuler vor Ort, als sie feststellten: „Wow, hier ist ja alles anders!" In der Tat ist Konditorei-Gründer und Betreiber Christof Eichel ein, soweit man das bei Kuchen und Torten so sagen kann, Eigenbrötler vor dem Herrn: Zum einen verwendet er nur Bioprodukte – und war zum Zeitpunkt der Eröffnung der erste so firmierende „Bio-Konditor" Norddeutschlands. Zum anderen, und das ist der noch viel tiefgreifendere Unterschied, lehnt er alle Hilfsmittelchen und Convenience-Produkte ab, welche die Backindustrie der Konditorenbranche in reicher Zahl zur Verfügung stellt.

Welche Kuchen und Torten er auch immer für seine Kunden ins Angebot hievt: Häufig muss Eichel die zur Verfügung stehenden Rezepturen ganz oder teilweise neu aufbauen, weil er sich immer fragt: „Wie geht's denn ohne Pülverchen?" Das Ergebnis ist allerdings frappierend: Ein Großteil der angebotenen Kuchen und Torten, am Wochenende immerhin bis zu dreißig verschiedene Sorten gleichzeitig, schmeckt bemerkenswert anders und oft auch deutlich facettenreicher und besser als das Gros der vergleichbaren Produkte. Dabei entwickelt der unermüdliche Tüftler auch immer wieder neue Rezepturen für spezifische Gruppen von Essern, beispielsweise Veganer oder Gluten-Allergiker. Das Erstaunliche dabei: Preislich unterscheidet sich das Angebot der Bio-Konditorei Eichel nicht spürbar von dem, was man anderswo für Torten und Kuchen auf den Tisch des Hauses legt. Denn Christof Eichel legt nur die etwas höheren Kosten für die Bioprodukte um, während die anteilig sehr hohen Arbeits-, Raum- und Energiekosten genauso kalkuliert sind wie bei konventionell produzierenden Betrieben.

Erfreulich: Mit dieser konsequenten Arbeitsweise ist der Bio-Konditorei nachhaltiger Erfolg beschieden. Längst hallt ihr Ruf weit über den Stadtteil hinaus, und viele Freunde des süßen Lebens nehmen größere Anfahrtswege in Kauf, um sich mit diesen besonderen Kuchen, Torten oder – neu seit 2019 – Eissorten einzudecken.

Wie es dazu kam, erzählt der Gründer: „Geboren wurde ich 1966 als Sohn eines Lehrer-Ehepaars (Anmerkung des Chronisten: ‚Kenn ich!') in der kolumbianischen Stadt Cali. Dort waren meine Eltern an einer deutschen Schule. Via Holland verschlug es uns dann 1976 ins vorderpfälzische Roxheim, wo ich schon recht früh meine lebenslange Leidenschaft entdeckte: Bereits mit elf, zwölf Jahren versuchte ich mich mit wechselndem Erfolg an den ersten selbstgebackenen doppelstöckigen Torten. Nach dem Hauptschulabschluss (in der Schule war ich ziemlich faul) machte ich dann auch konsequenterweise eine Konditorlehre im benachbarten Frankenthal.

Ganz interessant: Bereits während der Lehre wurde ich mit den schon seinerzeit weitverbreiteten industriellen Hilfsmitteln konfrontiert und da ich immer ein sehr unabhängiger Geist war, fragte ich mich schon damals, wie es denn wohl wäre, *ohne* Convenience-Produkte zu backen. Nach der Lehrzeit arbeitete ich als Geselle in einem für damalige Verhältnisse recht großen Bäckerei- und Konditoreibetrieb mit zehn Filialen in Marburg. Da ging es dann noch etwas weniger handwerklich zu. Anschließend hatte ich mir überlegt, nach Australien auszuwandern, aber ich sprach so gut wie kein Englisch. Also heuerte ich im Savoy Hotel

in London an, das damals einen deutschen Küchenchef hatte. Das war in gewisser Weise eine ganz großartige Zeit: Das Savoy hatte den Anspruch, das beste Hotel der Welt zu sein, hier arbeiteten über 120 Köche und Pâtissiers rund um die Uhr und, vor allem: Alles wurde aus frischen Zutaten ohne jegliche Verwendung von Convenience produziert! Und da wir hier in Zwölf-Stunden-Schichten arbeiteten, habe ich in einem Jahr quasi anderthalb Jahre gearbeitet und extrem viel gelernt. Insgesamt bin ich sechs Jahre in England geblieben: Mit der Referenz ‚Savoy' hatte ich eine Art Zauberschlüssel, und mir standen alle Türen offen.

Danach bin ich durch einen privaten Kontakt in Hamburg gelandet, wo ich im Café Gnosa in St. Georg anheuerte. Dort habe ich zwölf Jahre als Alleinkonditor gewirkt und dem Gnosa den seinerzeitigen guten Ruf als Konditorei erarbeitet. 2004 reifte in mir der Entschluss, mich selbständig zu machen, den ich dann 2005 realisierte. Schon durch meine Lehrer-Eltern war mir eine ausgeprägte Bio-Affinität mit auf den Weg gegeben worden: Zu Hause gab's immer Müsli, krumme Möhren und schrumpelige Äpfel, das war damals Bio.

Bei der Internorga 2005 traf ich dann auf einen Lieferanten, der alle benötigten Zutaten in Bio-Qualität liefern konnte. Damit stand fest: ‚Es wird eine Bio-Konditorei!' Aus vielerlei Gründen eine gute Wahl: So arbeitet bei mir ein Konditor, der sich durch die in konventionellem Mehl enthaltenen Chemikalien die Bäckerkrankheit zugezogen hatte und lange arbeitsunfähig war. Bei mir war und ist er von Anfang an beschwerdefrei. Als Standort favorisierte ich Eimsbüttel oder Ottensen, weil ich in einen Stadtteil mit hohem Grünwähleranteil wollte, aber damals hatte Eimsbüttel in puncto Kaufkraft (‚Wer leistet sich ein Stück Torte für 2,95 Euro?') noch die Nase vorn. So eröffnete ich hier in der Osterstraße und habe diesen Beschluss nie bereut."

Häufig muss Eichel die zur Verfügung stehenden Rezepturen ganz oder teilweise neu aufbauen, weil er sich immer fragt: „Wie geht's denn ohne Pülverchen?"

Gedeckte Brombeer-Apfeltorte

Eine Spezialität aus Schottland

Zutaten für den Teig

150 g Bio-Rohrohrzucker

300 g kalte Bio-Butter

300 g Bio-Weizen-Mehl Type 1050

150 g Bio-Weizen-Vollkornmehl
(Durch diese Mehl-Mischung erhält man einen knusprigen und zarten Kuchen mit deutlich mehr Mineralien als nur mit hellem Auszugsmehl)

etwas frisch geriebene Zitronenschale von der Bio-Zitrone
(„unbehandelt", konventionelle Zitronen dürfen nur nach der Ernte nicht mehr behandelt werden, am Baum dürfen sie aber sehr wohl mit Giften behandelt werden)

Zutaten für die Füllung
550 g geschälte und in Größe der Brombeeren klein geschnittene Bio-Äpfel

400 g Bio-Brombeeren

50 g Bio-Weizenmehl

50 g Bio-Rohrohrzucker
(je nach Süße der Früchte und wie süß man es mag)

Außerdem

100 g Löffelbiskuits

Für den Mürbeteig die Teigzutaten verkneten und dann den Teig im Kühlschrank etwas ruhen lassen.

In der Zwischenzeit die Füllung vorbereiten, dafür einfach alle Zutaten miteinander vermischen.

Aus dem Mürbeteig zunächst einen etwa fünf Millimeter dicken Deckel in Größe der verwendeten Tarte-Form ausrollen. Mit dem restlichen Teig die Form bis hoch zum Rand auslegen.

Nun etwa 50 g Bio-Löffelbiskuits auf den Teig in der Form zerteilen, dann die Füllung gleichmäßig darauf verteilen und das Ganze noch einmal mit etwa 50 g zerbröselten Löffelbiskuits bestreuen. Durch die Löffelbiskuits wird der Saft der Früchte aufgesogen, und der Mürbeteig backt besser und knuspriger.

Nun den Teigdeckel auflegen und vorsichtig andrücken. Vor dem Backen noch mit etwas zerlassener Bio-Butter bestreichen und mit etwas Bio-Rohrzucker bestreuen. Die Backzeit beträgt etwa fünfzig Minuten bei 190 Grad (das ist immer abhängig vom Ofen, also nach etwa vierzig Minuten mal nachschauen und die Temperatur anpassen).

Der Kuchen schmeckt kalt, wird aber traditionell gerne warm und mit Vanillesoße oder Eis serviert.

Botschafter neapolitanischer Esskultur

Antonio & Strato Cotugno

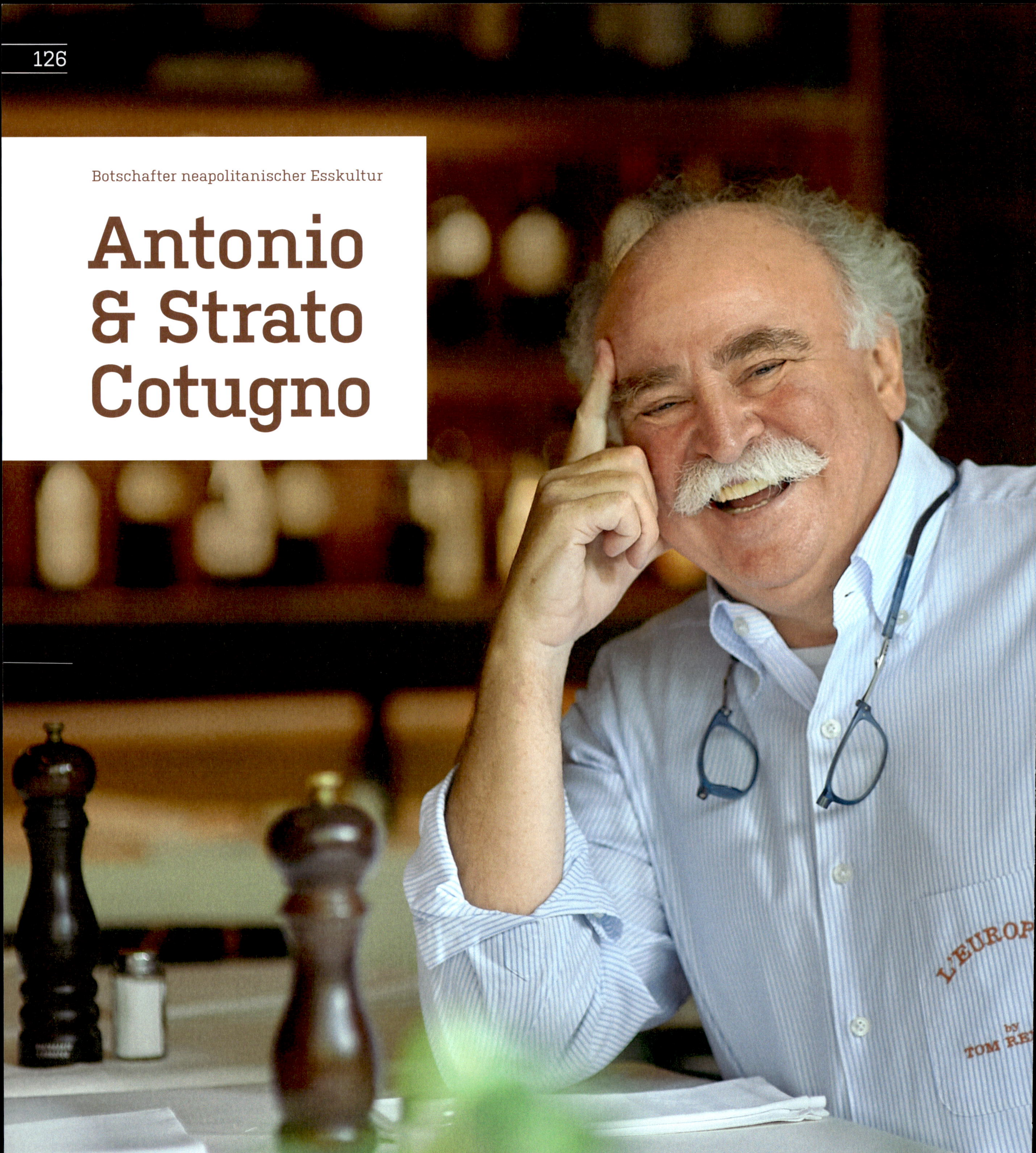

Zu den unbestrittenen Institutionen der gehobenen italienischen Gastronomie in Hamburg gehört das L'Europeo. Gelegen am alles andere als pittoresken Osdorfer Weg unweit der Autobahnabfahrt Bahrenfeld hat sich Patrone Antonio Cotugno, den alle nur Toni nennen, hier über die Jahrzehnte einen blendenden Ruf und eine treue Stammklientel erkocht. Dabei setzt der Altmeister bedingungslos auf gute Produkte und war so ziemlich der Erste, der die italienische Gastronomie in Hamburg aus der Pizza- und Pasta-Billigfalle befreite. Diese Befreiung erfolgte ziemlich konsequent – seit jeher ist ein einigermaßen kommod gefülltes Konto oder ein eher großzügiger Spesenetat eine gute Voraussetzung, um hier entspannt zu genießen. Aber dafür erwartet den Gast auch eine kompromisslose Qualität bei den Zutaten und eine großartige, aromensatte neapolitanische Mamma-Küche mit Herz und Seele. Das schätzen vor allem viele Familien aus den nahen Elbvororten und auch Prominente wie Otto Waalkes, der hier eine Art zweites Wohnzimmer hat. Dabei ist es Toni wichtig, alle Gäste gleich zu behandeln – einen „Promi-Bonus" gibt es also nicht.

Das L'Europeo kenne ich aus seinen allerersten Anfängen 1980/81. Damals absolvierte ich meinen Zivildienst in der benachbarten Diakoniestation in der Ebertallee, war aber schon seit einigen Jahren junger Weinhändler im Nebenerwerb und importierte unter anderem einen vorzüglichen Montepulciano d'Abruzzo in Zweiliterflaschen. Dessen für das Format höchst ungewöhnliche Qualität hatte der kluge Toni sogleich erkannt, und so durfte ich ihn mit meinem Fiat Fiorino ab und an beliefern (allerdings blieb das dann der einzige Wein in all den Jahren). Zu der Zeit tauchte auch schon Tonis blutjunger Bruder Strato auf, der als Achtzehnjähriger aus Neapel nachkam, beim großen Bruder als Koch anheuerte und geschlagene 28 Jahre lang die Küche im L'Europeo prägte. Mit diesem Know-how im Gepäck zog es Strato dann in die Selbständigkeit und zu einem anderen Hort für eher betuchtere Hanseaten: nach Eppendorf, wo er 2009 sein erstes „Il Cantuccio" in der Sierichstraße eröffnete, das er 2017 in repräsentative, großbürgerliche Räumlichkeiten in der Eppendorfer Landstraße verlegte.

Kein Wunder, dass sich all das, was das L'Europeo fast von Beginn an auszeichnete, im Il Cantuccio widerspiegelt: eine konsequente, saisonale Frischeküche unter Verwendung bester Produkte. Was Strato Cotugno außerdem zu seinem Markenzeichen entwickelt hat, ist eine faszinierend vielfältige Vorspeisenkultur: Wer mag, begibt sich hier vertrauensvoll in die Hände des Gastgebers und wird sogleich mit einem nicht enden wollenden Reigen der köstlichsten Antipasti verwöhnt. Und weil das ohnehin nicht die schlechteste Art des Essens und Genießens darstellt, ist es dem Chronisten seit Eröffnung in der Eppendorfer Landstraße noch nicht vergönnt gewesen, zu den Hauptgerichten vorzudringen. Aber Menschen, die es wissen müssen, schwören Stein und Bein, auch diese seien ausgezeichnet. Wie hat es nun das in jeglicher Hinsicht verdienstvolle Brüderpaar nach Hamburg verschlagen?

Antonio Cotugno: „Geboren wurde ich 1949 in Neapel, wo ich nach der Schule an der Hotelfachschule eine Ausbildung zum Concierge machte. Nach einer Saison in Riccione schwärmte mir ein Kollege von der tollen Stadt Hamburg und den schönen dort siedelnden Frauen vor. So kam ich am 23. 9. 1969, ursprünglich gedacht für zwei Jahre, nach Hamburg – und blieb.

Gearbeitet habe ich erst als Kellner im Parkhaus-Hotel an der Drehbahn, wo ich die damaligen Opernstars nächtens nach ihren Auftritten mit dem Flambierwagen improvisiert bekochte. Nach Stationen im Provence an der Reeperbahn und der Schifferbörse landete ich als Kellner im Il Buco in Eppendorf. Als sich dann der Patron und Küchenchef mit der Schneidemaschine die halbe Hand absäbelte, sprang ich in der Küche ein und musste zum ersten Mal richtig kochen. Weil ich keine Ahnung davon hatte, habe ich mir Rezepte und Zubereitungen alle telefonisch von unserer Mamma geholt, die in Neapel ein gastfreundliches Haus führte und eigentlich immer für alle am Kochen war. Das hat uns als Familie sehr geprägt.

Am 17. 5. 1980 habe ich mich mit dem L'Europeo selbständig gemacht. Zum Glück lief es, nach schwierigem Start, ziemlich rasch ziemlich gut, und so konnte ich als einer der Ersten in Hamburg Fische aus Wildfang, Pulpo, Calamari, Artischocken und Trüffel auf die Karte setzen. Während sich damals noch viele Gäste vor so was gegruselt haben (‚Iiiih, Trüffel!'), sind solche Produkte heute aus der Küche nicht mehr wegzudenken. Die wichtigste Zutat aber ist Liebe: Liebe zum Produkt, Liebe zum Kochen, Liebe zum Gast. Heute kocht mein Neffe Alessandro, und sein Bruder Mario leitet den Service. Die tragen das neapolitanische Gastgeber-Gen auch in sich."

Strato Cotugno: „Ich bin 1963 in Neapel geboren und dann direkt nach der Schulzeit meinem Bruder nach Hamburg gefolgt. Dort ging ich gleich in die Küche und habe buchstäblich von der Pike auf alles gelernt – vor allem den respektvollen Umgang mit erstklassigen Rohprodukten. Schon in dieser Zeit habe ich die Liebe zum und die Leidenschaft für das Kochen entwickelt – und das hat mich seitdem nie wieder losgelassen. 1999 habe ich ein Kochbuch mit meinen schönsten Rezepten veröffentlicht, *La Cucina Italiana*, und ich würde gern wieder ein Buch schreiben.

Mein Motto ist: ‚Der Gast muss glücklich rausgehen, gerade wenn er viel Geld bezahlt hat.' Diesem Dienstleistungsgedanken, also auf den Gast einzugehen und immer sein Bestes zu geben, ist alles andere untergeordnet – und das spüren die Leute. Besonders freut es mich, dass meine Tochter Federica in den Betrieb mit eingestiegen ist und mich sowohl im Restaurant als auch in der benachbarten Bar Apéritivo nach Kräften unterstützt. Damit ist – idealerweise – die Nachfolge gesichert. Aber Gastronomie ist mein Leben, und ich werde dabeibleiben, solange es irgend geht."

Was Strato Cotugno zu seinem Markenzeichen entwickelt hat, ist eine faszinierend vielfältige Vorspeisenkultur.

Canellinibohnen mit Riesengarnelen und Pilzen

Zutaten für 4 Personen als Vorspeise

200 g getrocknete Canellinibohnen

Salz

6 Riesengarnelen

200 g gemischte Pilze, z. B. Austern-Seitlinge, Pfifferlinge, Shiitake

1–2 Knoblauchzehen

6 El Olivenöl

4 El feingehackte Petersilie

Pfeffer

Die Bohnen über Nacht in einem Liter Wasser einweichen. Am nächsten Tag zum Kochen bringen und bei schwacher Hitze etwa 45 Minuten garen. Gegen Ende einen halben Teelöffel Salz dazugeben.

Die Garnelen anpulen und längs halbieren, falls vorhanden, den schwarzen Darmstrang entfernen. Nach Belieben die Schwanzflossen am Körper lassen, das sieht besonders dekorativ aus.

Die Pilze (möglichst ohne sie zu waschen) mit Pinsel und feuchtem Tuch putzen, größere Exemplare kleinschneiden. Knoblauch pellen und in Scheiben schneiden.

In einer größeren Pfanne das Öl erhitzen. Die Garnelen darin anbraten, bis ihr Fleisch eben fest geworden ist, das dauert etwa eine halbe Minute. Herausnehmen und warmstellen.

Die Pilze in die Pfanne geben und bei starker Hitze zwei bis drei Minuten braten. Knoblauch, Petersilie und die abgetropften Bohnen dazugeben und erhitzen. Mit Salz und Pfeffer abschmecken. Die Riesengarnelen mit in die Pfanne geben und kurz durchschwenken. Auf Tellern anrichten und mit Petersilie bestreuen.

Thomas Sampl

Regionalkulinariker am Gleisende

Es gibt eine recht zentral gelegene Ecke in Hamburg, um die ich immer rumgeschlichen bin und dachte „Wow! – Was schlummert hier für ein Potenzial!" Die Rede ist vom Oberhafen hinter den Deichtorhallen, der leicht spackigen, pflasterbesteinten, mit alten Lagerhallen und stillgelegten Bahngleisen gesegneten, weitgehend ungentrifizierten Enklave unweit der Speicherstadt und des Zentrums der Hafencity. Das Areal hat bislang erfolgreich der Vereinnahmung kreativer Energie durch die Vermarktungsstrategien der Hafencity-Entwicklungsgesellschaft getrotzt, hier wirken Künstler, Handwerker, Produktionsfirmen und Galeristen, am Eingang winkt windschief die Oberhafenkantine – und hier, in einer der alten Güterbahnhallen, hat sich Thomas Sampl mit der Hobenköök (auf gut Hochdeutsch: Hafenküche) seinen Traum von einem mutmaßlich europaweit einzigartigen Konzept erfüllt. Dabei residieren eine pulsierende Markthalle mit vorwiegend regionalen Produkten und ein rustikales Restaurant, wo man selbige Spezereien liebevoll bereitet verzehren kann, unter einem Dach.

Thomas Sampl versteht die Markthalle als direkte Brücke von den guten, engagierten Produzenten, die zu achtzig Prozent in 200 Kilometern Umkreis siedeln, zum Endverbraucher, der hier rare Obst- und Gemüsesorten, Produkte kleiner Käsereien, regionale Fischspezialitäten, Fleisch, Wild und Geflügel oder jedwede Köstlichkeiten kleiner, handwerklich arbeitender Genussmanufakturen erstehen kann: Rund 200 Produzenten aller Art, vom Bauern bis zum Brauer, Biobäcker oder Kaffeeröster, liefern hier direkt ihre Produkte, und so ist die Markthalle der Hobenköök ein faszinierendes Schaufenster regionaler kulinarischer Vielfalt.

Aber nicht nur genussfreudige Endverbraucher werden hier fündig: Auch Sampls Köchinnen und Köche richten jeden Tag ihr begehrliches Auge auf die gerade aktuellen saisonalen Produkte und verbraten sie für die hungrigen Mäuler im Restaurant. Deshalb gibt es hier als Beilage auch nicht Möhren oder Broccoli – sondern einfach tagesfrisches Marktgemüse. Das Spektrum im Restaurant reicht von diversen Frühstücksvariationen über einen gut angenommenen Mittagstisch bis hin zu einer kleinen, aber ausgesuchten Abendkarte. Und da Thomas Sampl gelernter Koch und mit einem gerüttelt Maß an Erfahrung auch in der gehobenen Gastronomie ausgestattet ist, kommen die guten Zutaten auch entsprechend respektvoll bereitet auf den Tisch.

Ein umfassender Cateringservice und nette kleine Abendveranstaltungen, bei denen zum Beispiel Songwriter zwischen den Kisten zu leckeren Stullen musizieren oder besondere Produzenten ihre Erzeugnisse im Rahmen von drum herum komponierten Menüs vorstellen, runden das Gesamtkunstwerk Hobenköök mit seinen rund fünfzig Mitarbeitern ab. Da freut man sich doch, dass Hamburg um einen solchen regionalkulinarischen Hotspot reicher ist.

Thomas Sampl erzählt, wie es dazu kam: „Geboren wurde ich 1979 in Gütersloh in eine Fleischerfamilie, und alle Familienmitglieder waren entweder Metzger oder Fleischereifachverkäufer. Ich wollte etwas anderes machen, und so stand mein Berufsziel schon früh fest: Mathelehrer! Aber dann absolvierte ich in der zehnten Klasse ein Kochpraktikum und merkte: Das Handwerkliche und das Schaffen eigener kulinarischer Kreationen liegen mir total. Also ging ich nach der mittleren Reife von der Schule und machte eine Lehre als Koch im Parkhotel Gütersloh, dem ersten Haus am Platze. Den Laden der Eltern hat übrigens meine Schwester übernommen, die daraus in Gütersloh einen gehobenen Cateringservice gemacht hat und auch die Gläser mit hochwertiger Hausmannskost produziert, die wir in der Hobenköök anbieten.

Nach dem anschließenden Zivildienst ging ich erstmal nach Düsseldorf. Dort bin ich dann einige Jahre geblieben und war unter anderem in einem der damals renommiertesten Sternetempel – dem Victorian von Günter Scherrer. Das war aber nicht so meins, und so zog ich weiter ins Hilton, wo ich im zarten Alter von 22 immerhin Souschef wurde. Nach ein paar Jahren Düsseldorf schaffte ich es dann bis Dresden, wo ich im Restaurant Canaletto des Westin Bellevue Hotels ebenfalls Souschef war. Dort habe ich auch das Catering für die Dinnershows im Zirkus Sarrasani konzipiert.

Bei meiner nächsten Station 2005 bin ich auch schon in Hamburg gelandet: Ich wurde Küchenchef im Park Hyatt. Hier hatte ich ein für mein heutiges Schaffen absolut prägendes Erlebnis, denn ein Stammgast schenkte mir zum Abschied ein historisches Kochbuch mit Abbildungen und Beschreibungen vieler alter, wertvoller regionaler Gemüsesorten. Meine nächste Aufgabe war dann 2008 die Eröffnung des Vlet in der Speicherstadt – und hier wollte ich von Anfang an eine unverwechselbare und einzigartige regionale Küche auf Basis der alten Gemüse- und Obstsorten kreieren, die ich in diesem Kochbuch entdeckt hatte. Aber keiner meiner Lieferanten konnte mir das bieten – ‚gibt's alles nicht mehr', hieß es nur. Also machte ich mich auf die Suche und durchstreifte systematisch die faszinierenden Hamburger Wochenmärkte. Und siehe da: Viele der dort direkt verkaufenden Bauern hatten und haben noch zahlreiche wertvolle alte Sorten im Anbau, die aber niemals den Weg in den Großhandel oder die Supermärkte finden.

Nachdem ich mir das Vertrauen der Bauern erarbeitet hatte und dort als Koch auch beziehen durfte – das war erst nicht einfach, denn schnöselige Großstadtköche sind beim gemeinen Landwirt meist nicht sonderlich beliebt –, konnte ich loslegen und habe angefangen, mir das Netzwerk an Produzenten aufzubauen, von denen die Hobenkööк heute zehrt. 2016 machte ich mich dann mit einem Cateringservice und dem noch heute existierenden Format ‚Smutjes Landgang' selbständig. Dabei bin ich mit den Kunden über die Wochenmärkte gezogen, wir haben bei handverlesenen Produzenten eingekauft und anschließend was Schönes draus gekocht. Das Format gibt es auch heute noch, nur sind die Wege jetzt kürzer: Alle notwendigen Produkte finden wir ja in der Hobenköök-Markthalle."

Thomas Sampl versteht die Markthalle als direkte Brücke von den guten, engagierten Produzenten zum Endverbraucher, der hier rare Obst- und Gemüsesorten, Produkte kleiner Käsereien, regionale Fischspezialitäten, Fleisch, Wild und Geflügel oder jedwede Köstlichkeiten kleiner, handwerklich arbeitender Genussmanufakturen erstehen kann.

Zutaten für 2 Personen

2 rote Spitzpaprika

2 grüne oder gelbe Spitzpaprika

1 große Haushaltszwiebel

1 Zehe junger Knoblauch aus der Lüneburger Heide

5 getrocknete Birnen (ungeschwefelt)

1 Glas Weißwein

500 ml Gemüsebrühe

300 g Perlgraupen

3 kleine Zweige Zitronen-Thymian

Salz und Pfeffer

frisch geriebener Deichgrafkäse

Spitzpaprika gründlich waschen und in mundgerechte Stücke schneiden. Zwiebel und Knoblauch schälen und in feine Würfel schneiden, Birnen ebenfalls klein würfeln. Öl in einer Pfanne erhitzen und die Zwiebel- und Knoblauchwürfel darin anschwitzen. Birnen dazugeben. Dann die Spitzpaprika hinzufügen und leicht anrösten.

Perlgraupen zum Gemüse geben und alles mit Weißwein ablöschen. Kurz aufkochen lassen, dann die Gemüsebrühe dazugeben und köcheln lassen, bis das Risotto eine schön cremige Konsistenz erreicht hat. Den frisch geriebenen Käse hinzufügen, gut durchrühren und das Risotto mit frisch gehacktem Zitronen-Thymian, Salz und Pfeffer abschmecken.

Perlgraupenrisotto mit Spitzpaprika und Deichgrafkäse

Ein Riecher für rare Ware

Rainer Schmidt

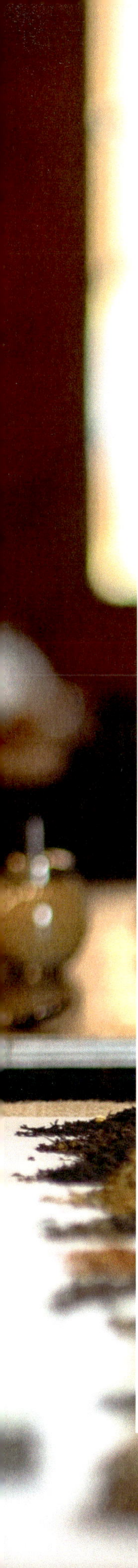

Wenn ein Tee-Importeur mit Stolz von sich behaupten kann, er kaufe von bestimmten Tees ganze Welternten auf, dann ersteht vor dem inneren Auge des Betrachters ein mächtiges Imperium: Speicherböden, vollgetürmt mit dem wertvollen Stoff, eigens gecharterte Schiffe, die in ferne Lande segeln, viele fleißige Hände, die Dosen und Tüten verpacken und etikettieren …

Tatsächlich war Rainer Schmidt, Gründer der Hanse Teehandels-Gesellschaft, Großmeister der Teekultur, gefragter Buchautor und international einer der anerkanntesten Kenner der Materie, mal in recht großem Stil unterwegs: Um 1995 bewirtschaftete er mit 35 Mitarbeitern den Schuppen 10 im damaligen Freihafen und auf dem Gelände der heutigen Hafencity den Kaispeicher A, ein Gebäude, das mittlerweile überbaut ist und in dem gelegentlich Musikdarbietungen stattfinden. Tee-Im- und Export sowie die Lagerei für andere Teeimporteure waren sein Geschäft. Aber schon damals zog es den Hanseaten von der Masse zur Klasse. Er verkleinerte seine Firma radikal, zog aufs Land – und widmete sich fürderhin nahezu ausschließlich den hochwertigsten Tees der Erde.

Womit wir bei den eingangs erwähnten „Welternten" wären: Hier handelt es sich um die Erträge ausgewählter Teegärten der besten Anbaugebiete, und so eine Gesamtproduktion beläuft sich dann gern mal auf nicht mehr als acht bis zwanzig Kilo pro Sorte. Rainer Schmidt schöpft aus einem nahezu sechzigjährigen Erfahrungsschatz, verfolgt sehr genau die klimatischen und politischen Entwicklungen in den Anbauregionen und kann sehr präzise sagen, wo was wann in welcher Qualität wächst. Insofern ist sein Schaffen dem eines High-End-Weinimporteurs vergleichbar, der sich die attraktivsten Fässer aus den Toplagen der besten Produzenten zu sichern sucht.

Für mich als bekennenden Grüntee-Fan und Hardcorekonsumenten (Grüner Tee ist mein steter Treibstoff für kreatives Schaffen) ist es immer ein Fest, wenn nach der Erntezeit das Paket mit den liebevoll beschrifteten Teepröbchen anlandet und wir aus den interessantesten Teegärten von Korea, China oder Japan unsere zwei bis drei „Haustees" für das Jahr auswählen. Dabei ist Schnelligkeit gefragt, denn Rainer Schmidt stützt sich auf eine treue Fangemeinde, die weiß, dass die besten Partien immer schnell vergriffen sind.

Über den reinen Handel hinaus ist Rainer Schmidt unermüdlich in Sachen Teekultur unterwegs: Er bietet bereits seit 1986 Teeverkostungen für Gruppen in der Speicherstadt und im Speicherstadtmuseum. Kuriosum am Rande: Dafür bekam er zu Zeiten, als Freihafen und Speicherstadt noch Zollausland waren, die Auflage, dass niemand die aus zollamtlich noch nicht abgefertigten Tees aufgebrühten Proben auch herunterschluckt. Nur Riechen war erlaubt, und das wurde durch einen Zollbeamten streng überwacht. Auch zahlreiche Rotary- oder Lions Clubs sind bei den Schmidt'schen Teeseminaren und Verkostungen schon für dieses sinnliche Thema sensibilisiert worden, und das im Braumüller-Verlag erschienene *Große Teebuch* gilt als das Standardwerk für alle Tee-Interessierten. Dabei hat sich das „Tee-Gen" längst auf die nächste Generation übertragen: Sohn Henning und Schwiegertochter Kristina betreiben erfolgreich den Hamburger Teespeicher mit Filialen in Bramfeld und Volksdorf.

Rainer Schmidt: „Geboren wurde ich 1945 in Hamburg. Nach der mittleren Reife war es eigentlich mein großer Wunsch, Koch zu lernen, weil ich immer schon genussorientiert war. Aber meine Eltern bestanden darauf, dass ich ‚etwas Ordentliches' lerne, und so begann ich 1962 eine Ausbildung zum Groß- und Außenhandelskaufmann bei der 1793 gegründeten ältesten Teehandelsfirma Hamburgs: Kirchner-Fischer & Co., ansässig Neuer Wandrahm 1, 3. Boden, Speicherstadt. Drei Herren und eine Dame, alle über achtzig, leiteten das Unternehmen, und Damen war das Betreten des Verkostungsraumes oder gar das Anfassen der Tees streng untersagt. Alles war höchst konservativ, aber es wurde traditionell handwerklich gearbeitet und ich bekam eine hervorragend fundierte Ausbildung.

Nach der Bundeswehrzeit habe ich dann bei einem eher mittelmäßigen Teeimporteur gearbeitet, bevor ich 1967 zu Scheibler & Co. an der Trostbrücke kam. Gemeinsam mit dem damaligen Juniorchef haben wir Umsatz und Gewinn vervielfacht, und 1971 durfte ich dort meine erste Auslandsreise nach Ceylon und Indien antreten. Die nächsten zwölf Jahre waren eine prägende Zeit, in der ich alle wichtigen Teeanbaugebiete der Welt bereiste. Wir haben damals viel Tee nach Pakistan, Kanada, USA und England exportiert, und so habe ich auch die professionellen Teeverkostungsräume der größten britischen Importeure kennengelernt – damals wie heute der Maßstab.

Rainer Schmidt schöpft aus einem nahezu sechzigjährigen Erfahrungsschatz, verfolgt sehr genau die klimatischen und politischen Entwicklungen in den Anbauregionen und kann sehr präzise sagen, wo was wann in welcher Qualität wächst.

1983 habe ich mich als Teehändler selbständig gemacht und mich schon 1984 auf der Mönckebergstraße hingestellt und die ersten Teeproben angeboten. Bis Mitte der 1990er Jahre wuchs die Firma rapide, und wir deckten das ganze Spektrum von Teeimport über Teehandel bis hin zum Komponieren von Teemischungen, Tee-Aromatisieren und Einlagern für andere Im- und Exporteure ab. Aber das war nicht meine Passion: So haben wir das Volumen deutlich reduziert, sind 1996 aufs Land umgesiedelt und sitzen seit 2010 in Stexwig an der Schlei.

Die ganz große Aufgabe ist das Aufspüren und die Beschaffung der wahren Spitzentees: Chinesen und Japaner sind immens qualitätsbewusst, und von den besten Tees geht dort fast nichts außer Landes. Von den Toptees aus Japan bekomme ich mit Glück fünf bis 15 Kilo pro Sorte und Jahr. Ganz spannend: Wegen der Lohnkosten sind viele japanische Teefarmer nach Taiwan ausgewandert und erzeugen dort hervorragende Qualitäten. Grüntee-Geheimtipp ist aktuell Korea. In den Teegärten von Assam und Darjeeling in Indien ist in den letzten Jahren viel Know-how verloren gegangen, und es kommt darauf an, bei den Farmern zu kaufen, die noch richtig mit dem Produkt umzugehen verstehen. Die Herausforderung, die besten Qualitäten zu finden, stellt sich jedenfalls jedes Erntejahr aufs Neue."

Die Fotos entstanden im Genuss Speicher in Hamburg.

Roastbeef mit Remouladensoße und Bratkartoffeln

Zutaten für 4–6 Personen

1,2 kg Roastbeef

grobes Meersalz, grober Pfeffer, Chili

Die Fettkante vom Roastbeef entfernen und das Fleisch mit grobem Meersalz, gern auch mit etwas Chili und grobem Pfeffer einreiben. Bei mittlerer Hitze von beiden Seiten anbraten und im vorgeheizten Backofen bei maximal 120 Grad im geschlossenen Bräter etwa fünfzig Minuten garen (Medium-Kerntemperatur 65 bis 68 Grad). Danach das Roastbeef im Bräter erkalten lassen.

Remoulade

5 El Mayonnaise

1 kleiner Becher Bio-Joghurt

1 große rote Zwiebel

1 Bund Schnittlauch

1 kleine Knoblauchzehe

Meersalz, Pfeffer

Für die Remoulade die Mayonnaise mit dem Joghurt verrühren. Die Zwiebel, den Schnittlauch und die Knoblauchzehe fein hacken. Alles gut verrühren und mit Meersalz und Pfeffer würzen.

Bratkartoffeln

1 kg festkochende Kartoffeln

2 Zwiebeln

5 dünne Scheiben durchwachsener Speck

1 Tl Kümmel

Die Kartoffeln in Salzwasser mit einem Teelöffel Kümmel kochen, pellen und erkalten lassen. Anschließend mit einem Messer in möglichst gleich dicke Scheiben schneiden. Die Zwiebeln in grobe Stücke oder Ringe und den durchwachsenen Speck in Streifen schneiden. Zuerst die Zwiebeln glasig dünsten und aus der Pfanne nehmen. Dann mit dem Speck genauso verfahren. Kartoffelscheiben in die Pfanne legen und knusprig braten. Zum Schluss Zwiebeln und Speck dosiert untergeben.

Julian & Qiuyi Chen

Chinas authentische Esskultur für Hamburg

Irgendwann um das Jahr 2005 herum schellte mein Mobiltelefon, Cornelia Poletto war am Apparat, und es entspann sich folgendes Gespräch: „Hallo Gerd, was machst du denn gerade?" – „Ich bin mit Christine im Auto in Wandsbek unterwegs." – „Aha, ihr seid auf dem Weg ins Ni Hao!" – „Ja, woher weißt du das?" – „Warum sollte man denn sonst nach Wandsbek?" Wenngleich dieser kleine Dialog natürlich in keinster Weise dem lebendigen, facettenreichen Hamburg-Wandsbek, langjährige Wirkungsstätte des großen Dichters Matthias Claudius, gerecht wird, so zeigt er doch eines schlaglichtartig auf: die weit über den Stadtteil herausragende kulinarische Bedeutung, die sich bereits zu diesem Zeitpunkt die Gebrüder Chen mit ihrem ersten Hamburger Restaurant Ni Hao erarbeitet hatten. Tatsächlich habe ich in den letzten Jahrzehnten die unerschöpfliche und faszinierende Vielfalt der chinesischen Küche, die auf der immensen kulinarischen und kulturellen Tradition des Riesenreiches fußt, zuvörderst durch das Ni Hao kennen- und lieben gelernt.

Als der blendend ausgebildete und hoch motivierte junge Koch und Hotelmanager Julian Chen 1994 nach Hamburg kam, um mit der Eröffnung des Ni Hao ein Fanal für die chinesische Hochküche zu setzen, blickte die Familie bereits auf eine über siebzigjährige Gastronomietradition in der beschaulichen Hansestadt Deventer zurück: Dort hatte der 1910 in Holland eingewanderte Großonkel um 1920 sein erstes, schlichtes Speiserestaurant eröffnet. Mit seiner aromenreichen, vielfältigen, auf Zusätze wie Glutamat völlig verzichtenden Küchenphilosophie konnte sich Julian nach harten Anfangsjahren schließlich in Wandsbek durchsetzen und sein Restaurant als bevorzugte Einkehrstätte für chinesische Geschäftsleute oder Konsulatsveranstaltungen etablieren. Von Beginn an dabei: Bruder Qiuyi, der sich erst im Ni Hao sein Physikstudium finanzierte und später voll in die Gastromonie mit einstieg.

Inspiriert von Streetfood-Konzepten, die Qiuyi in Singapur kennenlernte, wo er für die Philips Medizintechnik Röntgengeräte verkaufte, eröffneten die Chens Ende 2007 das äußerst erfolgreiche Copper House in der Davidstraße, das der dritte Bruder Xinyi führt. Und in dem Maße, in dem das Interesse für chinesische Topküche in Hamburg weiter wächst, blüht und gedeiht auch das kleine Gastro-Imperium der Chens: Im Herbst 2019 konnten sie sich einen lang gehegten Traum erfüllen und im wunderschönen Chinesischen Teehaus am Rothenbaum, das eigentlich seit seiner Übereignung durch die Stadt Shanghai an die Stadt Hamburg im Jahr 2007 seiner kulinarischen Erweckung durch die Chens harrt, das Yu Garden eröffnen. Mit dem Ende 2019 an den Start gegangenen Half the Sky bekommt nun auch die Neue Mitte Altona einen attraktiven kulinarischen Hotspot.

Geheimtipp: Wer offen und experimentierfreudig ist und ein authentisches, facettenreiches Geschmackserlebnis mit möglichst vielen spannenden Eindrücken genießen will, reserviert mit einem Vorlauf von mindestens zwei Tagen und für mindestens vier Personen im Ni Hao, fragt nach Julian Chen und verkündet frohgemut, man wünsche das „Chinesische Überraschungsmenü". Dann kommt zu einem recht moderaten Pauschalpreis ein bunter Reigen vieler verschiedener Gerichte zum Teilen auf den Tisch, die sich zumeist komplett außerhalb des üblichen chinesischen Mainstreams bewegen. Für mich seit vielen Jahren eine der spannendsten und wechselhaftesten kulinarischen Erfahrungen in Hamburg – und immer wieder ein guter Grund, um nach Wandsbek zu kommen, das aber natürlich auch sonst einen Besuch lohnt.

Julian Chen, Jahrgang 1970: „Geboren sind wir alle in Qingtian in der Provinz Zhejiang: In dieser 500.000-Einwohner-Stadt sprechen wir eine völlig eigenständige Sprache, und die Hälfte der Einwohner ist nach Europa übersiedelt. 1978 ging unser Vater ins Restaurant meines Onkels nach Deventer in Holland und holte zwischen 1980 und 1988 mich, meine zwei Brüder, meine zwei Schwestern und unsere Mutter nach. Meine Eltern haben dann ein eigenes Restaurant eröffnet. Ich selbst habe nach der Schule in verschiedenen sehr guten Restaurants in Holland als Koch gearbeitet und parallel im Fernstudium fünf verschiedene Diplome im Bereich Küche, Hotelmanagement, Wein- und Getränkekunde sowie Personalmanagement abgelegt. Harte Zeiten. Zuletzt war ich in Groningen im Restaurant Ni Hao – das beste chinesische Restaurant in Holland und das Vorbild für unser Ni Hao.

Mit seiner aromenreichen, vielfältigen, auf Zusätze wie Glutamat völlig verzichtenden Küchenphilosophie konnte sich Julian Chen nach harten Anfangsjahren schließlich in Wandsbek durchsetzen.

1994 bin ich nach Hamburg gekommen, habe den Standort für mein Ni Hao angeboten bekommen und fand aus der Deventer-Perspektive Wandsbek ungemein großstädtisch und aufregend. Kurz nach der Eröffnung habe ich dann gemerkt, dass es hier etwas mehr Arbeit als im Zentrum bedurfte, um kulinarisch wahrgenommen zu werden. Aber heute sind wir in Wandsbek sehr glücklich und entwickeln unsere vielfältigen anderen Projekte von dieser starken Basis aus."

Qiuyi Chen, Jahrgang 1974: „Ich habe nach dem Abitur an der Twente-Universität in Enschede ein Physikstudium begonnen und mich während eines sechsmonatigen Praktikums kopfüber in Hamburg mit dem Hafen, dem vielen Wasser und der lebendigen chinesischen Community verliebt. In Deventer gab es ja nur eine Handvoll chinesische Familien – in Hamburg konnte ich mich als Chinese neu erfinden! Hier habe ich weiter studiert und daneben meinem Bruder im Restaurant geholfen. Nach dem Abschluss als Diplom-Physiker bin ich ins Ni Hao eingestiegen, wurde dort bei einem Geschäftsessen 2003 vom Marketingdirektor der Philips Medical Systems Hamburg entdeckt und angeworben und habe bis 2010 für Philips Röntgengeräte in Asien verkauft. Allerdings musste ich dafür erst mal richtig Mandarin lernen – wir kannten ja fast nur unseren Heimatdialekt. Parallel habe ich auch das Copper House mit entwickelt. Jetzt freue ich mich total über unser spannendes Projekt im Chinesischen Teehaus – davon träumen wir schon seit 2007! Und ich bin sicher: Auch die Neue Mitte Altona ist ein superinteressantes Pflaster für uns. Es bleibt also bewegt!"

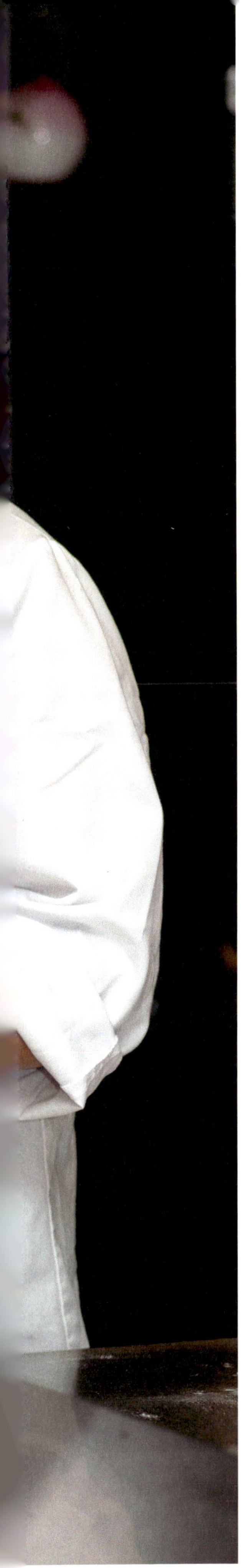

Zutaten Löwenkopf für 4 Personen

600 g Schweinebauch vom Schwein
250 g Tofu
100 g Bambussprossen
20 g Ingwer
2 Frühlingszwiebeln
4 Shiitake-Pilze
2 Tl Kartoffelstärke
Sesamöl
Salz
Pfeffer
Zucker
Reiswein

Den Schweinebauch in Würfel schneiden und fein hacken. Die Bambussprossen, Tofu, Shiitake-Pilze, Ingwer und Lauchzwiebeln ebenfalls fein hacken. Danach alle Zutaten sorgfältig mit der Kartoffelstärke vermischen und mit Salz, Pfeffer, Reiswein, Sesamöl und Zucker abschmecken. Die Mischung in Kugeln (vier Stück) formen und etwa fünf Minuten in heißem Öl frittieren. Anschließend die Bällchen aus dem heißen Öl nehmen und sie auf Küchenpapier abtrocknen lassen.

Bouillon

800 g Schweinerippchen
8 Shiitake-Pilze
50 g Ingwer
50 g Knoblauch
4 St. Stern-Anis
¼ Stange Porree
3 l Wasser
4 Pak Choi

Alle Zutaten für die Bouillon bis auf den Pak Choi in kaltem Wasser aufsetzen und eine Stunde simmernd kochen. Die Brühe durch ein Sieb abgießen und im Topf erneut zum Sieden bringen. Danach die Löwenköpfe etwa eine halbe Stunde auf kleiner Flamme in der Bouillon mitkochen. Am Ende den Pak Choi in der Brühe fünf Minuten mitkochen. Der Löwenkopf wird in der Brühe und mit gehacktem Koriander serviert. Abschmecken mit Reiswein, dunkler Sojasauce, heller Sojasauce, Salz, Pfeffer, Sesamöl und Zucker.

Traditioneller „Löwenkopf" in feiner Bouillon

Frank „Fischi" Tamaschke
Fische Schmidt
Eppendorfer Baum 18
20249 Hamburg
www.fisch-hamburg.com

Thomas Effenberger
Effenberger Vollkornbäckerei
Rutschbahn 18
20146 Hamburg
www.effenberger-vollkornbaeckerei.de

Thomas Martin
Jacobs Restaurant im Hotel Louis C. Jacob
Elbchaussee 401
22609 Hamburg
www.jacobs-restaurant.de

Mirco Wiegert
fritz-kulturgüter
Spaldingstraße 64–68
20097 Hamburg
www.fritz-kola.de

Bernd Lehmitz
Lehmitz Weinstuben
Faberstraße 21
20257 Hamburg
www.lehmitz-weinstuben.de

Cornelia Poletto
Cornelia Poletto
Eppendorfer Landstraße 80
20249 Hamburg
www.cornelia-poletto.de

Ina Finn
Villa Verde
Eimsbütteler Chaussee 37
20259 Hamburg
www.villa-ver.de

Bettina Matthaei & Katharina Wilck
1001 Gewürze
Geierstraße 11
22305 Hamburg
www.1001gewuerze.de

Familie Güler
Güler Feinkost
Hartwig-Hesse-Straße 1
20257 Hamburg

Gebrüder Jacob
Fleischerei Jacob
Weidenstieg 15
20259 Hamburg

Michalis Papadopoulos
Taverna Zum Olymp
Bismarckstraße 40
20259 Hamburg

Berit Windisch & Oliver Rohlf
schokovida
Hegestraße 33
20249 Hamburg
www.schokovida.de

Thomas Sannmann
Demeter Gärtnerei Sannmann
Ochsenwerder Norderdeich 50
21037 Hamburg
www.sannmann.com

Carsten von der Heide & Marc Ciunis
Tortue Hamburg
Stadthausbrücke 10
20355 Hamburg
www.tortue.de

Dirk Kowalke
Fischereihafen Restaurant
Große Elbstraße 143
22767 Hamburg
www.fischereihafenrestaurant.de

Uwe & Jens Lühmann
Weinquelle Helmut Lühmann – Ladenlokal
Lübecker Straße 145
22087 Hamburg
www.weinquelle.com

Weinquelle Helmut Lühmann – Showroom
Jacobsrade 65
22962 Siek

Bezugsquellen & Adressen

Bert Gamerschlag
Journalist

Jens Rittmeyer
Restaurant N°4
Harburger Straße 4, 21614 Buxtehude
www.jens-rittmeyer.de/
restaurant-no-4-buxtehude/

Rittmeyers Besondere Raffinessen
Von-Eitzen-Weg 4
21614 Buxtehude
www.jens-rittmeyer.de

Jan Schierhorn
Das Geld hängt an den Bäumen
Harkortstraße 79
22765 Hamburg
www.dasgeldhaengtandenbaeumen.de

Vivian Hecker
Leiterin Marketing & Events
Hamburger Abendblatt

Familie Quast
Altländer Mettwurst- und Schinkenräucherei
Nincoper Straße 18
21129 Hamburg (Neuenfelde)
www.wurstwaren-quast.de

Oliver Wesseloh
Kehrwieder Kreativbrauerei
Sinstorfer Kirchweg 74–92
21077 Hamburg
www.kehrwieder.beer

Ulrich Carroux
Carroux Caffee und Carroux Kaffeerösterei
Elbchaussee 583
22587 Hamburg
www.carroux.de

Frank Brüdigam
Brüdigams
Eppendorfer Weg 98
20259 Hamburg
www.bruedigams.de

Brüdigams Wildwechsel
Waidmannsweg 2
25582 Kaaks
www.bruedigams-wildwechsel.de

Detlef Möllgaard
meierhof Möllgaard
Kieler Straße 84
25551 Hohenlockstedt
www.meierhof-moellgaard.de

Christof Eichel
Bio-Konditorei Eichel
Osterstraße 15 / Ecke Eppendorfer Weg
20259 Hamburg
www.biokonditorei-eichel.de

Antonio & Strato Cotugno
L'Europeo
Osdorfer Weg 27
22607 Hamburg

Ristorante Il Cantuccio
Eppendorfer Landstraße 36
20249 Hamburg

Thomas Sampl
Hobenköök
Stockmeyerstraße 43
20457 Hamburg
www.hobenkoeoek.de

Rainer Schmidt
Hanse Teehandel
Dorfstraße 41
24857 Stexwig
www.teeverkostungen.com

Julian & Qiuyi Chen
Ni Hao
Wandsbeker Zollstraße 25–29
22041 Hamburg
www.ni-hao.eatbu.com

Impressum

Junius Verlag GmbH
Stresemannstraße 375
22761 Hamburg
www.junius-verlag.de

Gestaltung
Sabine Lutz, www.sabinelutz-grafik.de

Druck und Bindung
Grafisches Centrum Cuno GmbH & Co. KG

Bildnachweis
Eva Häberle: S. 8–17, 24–27, 36–41, 66, 68, 69, 82–87, 92–95, 100–103, 118–125, 128

Nicole Keller: S. 18–23, 28–35, 42–59, 67 rechts, 70–77, 96–99, 114–117, 126, 127, 130–141

Oliver Schumacher: S. 60–65, 78–81, 88–91, 104–113

Shutterstock (rolandtopor): Umschlag

Printed in Germany
1. Auflage 2019
ISBN 978-3-96060-516-4

Die Deutsche Nationalbibliothek verzeichnet diese Publikation in der Deutschen Nationalbibliografie; detaillierte bibliografische Daten sind im Internet über http://dnb.dnb.de abrufbar.

Danksagung

Ich freue mich sehr, dass unser schönes Genusshelden-Buch das Licht der Welt erblickt hat! Daran haben viele Menschen ihren Anteil. Mein Dank gilt meiner Frau Christine, die alle Porträts einer kritischen Durchsicht unterzog, bevor ich sie weitergab, dem tapferen Verleger Steffen Herrmann, der mich als Autor schanghaite und überdies als behutsamer Lektor fungierte, den drei tollen Fotografen Eva Häberle, Nicole Keller und Oliver Schumacher, die alle Protagonisten auf das Einfühlsamste in Bilder bannten, Matthias Iken für sein wunderbares Vorwort und natürlich allen Genusshelden, die sich die Zeit genommen haben, mir Rede und Antwort zu stehen.

Aufmerksamen Lesern wird möglicherweise nicht ganz entgangen sein, dass der Lebensmittelpunkt des Autors im Bereich Eimsbüttel/Eppendorf zu verorten sein könnte – und dementsprechend etliche der Genusshelden ebendort anzutreffen sind. Aber natürlich brenne ich darauf, für eine etwaige Fortsetzung weitere Genusshelden kennenzulernen, sehr gern auch aus anderen, exotischeren Gebieten in und um unsere schöne Hansestadt. Sollten Sie diesbezüglich Tipps für mich haben, senden Sie diese vertrauensvoll an gerd.rindchen@libertino.eu. Vielleicht findet sich dann ja eines Tages auch Ihr persönlicher Genussheld in einem buntbebilderten Prachtband wieder.